愛蔵版

ユダヤ人大富豪の教え

The Millionaire's Philosophy for A Happy Life

本田 健

Ken Honda

大和書房

目次

愛蔵版

ユダヤ人大富豪の教え

本作品は小社より２００３年６月に刊行された
『ユダヤ人大富豪の教え』の新装愛蔵版です。

プロローグ
衝撃的な出会いと最初の試練

その老人と出会ったのは、一年のアメリカ滞在が終わろうとしているときだった。当時、まだ二十歳の学生だった僕はボランティア団体の招きでアメリカに渡り、フロリダの老人ホームをまわって日本文化と平和について講演していた。講演のかたわら、地元で成功している企業家や芸術家に会い、彼らの成功の秘訣をインタビューしてまわっていた。

日本に帰っても、友人たちのように大企業に就職せず、独立して事業を興したいと考えていた僕は、アメリカにいる間に、彼らの成功の秘訣をぜひとも知りたかった。

日本に帰る日まで、もう一ヵ月を切っていて、正直あせっていた。このまま日本に帰ったら、周りの就職活動のペースに飲み込まれてしまう。なんとか、人生を変えるきっかけをつかまなければ、と毎日考えていた。

そんなとき、この老人と出会ったのだ。僕は、いままでの人生を振り返ると、それこそ絶妙なタイミングで素晴らしい人に出会ってきたが、まさしく、これがそういう出会いだった。

僕の講演が終わったときに、「話が素晴らしかったので、ぜひお礼が言いたい」と品のいい小柄な老人が話しかけてきた。彼は、ヨーロッパでのナチスの迫害から逃れ、アメリカに渡ってくる途中、日本にも滞在したことがあるという。ゲラーと名乗るそのユダヤ人の老人が、よかったら次の日のお昼をごちそうしたいと言うので、僕は気軽にそれに応じたのだった。

そのときはまだ、彼との出会いが僕の人生を大きく変えることになろうとは思いもしなかった。

教えられた住所に車を走らせると、そこは、比較的金持ちが住むというフロリダの地でも、大金持ちが住む豪邸が建ち並ぶエリアだった。日本にはないので説明しにくいが、小さな町の区画全体がフェンスで仕切られていて、入口には武装したガードマンがいる。身分証明書を見せないと、そのゲートの先には行けない仕組みになっているのだ。

町の敷地に入っても、森が続くばかりで、とても普通の住宅地とは思えない。森の向こうに見え隠れする豪邸が、ここが特権的な別荘地だと気づかせてくれる。指定された住所の入口のドライブウェイを入ると、ようやく巨大なお屋敷が見えてきた。

バトラー（執事）の「お待ちしておりました」という丁寧な言葉とともに、僕を迎え入れてくれた。

通された書斎に入ると、大きな壁一面に、蔵書がぎっしり並んでいた。数日前には、しょぼく見えた老人が、いままで会った人の中でもとびきりの金持ちであるのは間違いないようだった。

部屋に入ってくるなり、ゲラー氏は僕を抱きしめた。

「よく来てくれたね。日本を離れてもう何十年になるだろう。君が生まれるずっと前に神戸に行ったことがあるんだよ。失意の旅の途中、日本の人たちにとっても親切にしてもらったのをついこの間のように思い出すね。君が神戸から来たと聞いて、そのときのお礼をしたいと思ったのだよ。あのときは、本当にうれしかったし、ちょっとした善意が心にしみた」

「そうですか。不思議な巡り合わせですね。招いていただいてありがとうございます。日本にもう少しで帰るのですが、こうやって招いていただくのも良い思い出になります」

そう話しながらも僕は、自分が生まれる前の神戸の人に心から感謝した。彼らの親切のおかげで、僕はこの老人から特別な待遇を得ているのだから。

しばらく雑談しているうちに、僕は、いままで多くの著名人にしてきたのと同じ質問をゲラー氏に切り出した。

「アメリカという国は偉大だと僕は思うんです。いままで著名な芸術家、政治家、ビジネスマンにインタビューをしてきて、その思いは一層強くなりました。僕は、日本に帰る前に、ぜひその本質を身につけたいと考えているんです。若い頃の話を聞いてもいいですか」

「もちろん。何でも聞いてください」

それから、彼は生い立ちから、ヨーロッパからアメリカに逃げてきたこと、ビジネスをどうスタートさせて今にいたったかという話をかいつまんで話してくれた。どのエピソードも僕が多くの人々との出会いで聞いた中で、いちばんドラマチックだった。

オーストリアでユダヤ人として生まれた彼は、実業家の父に鍛えられ、ビジネスで成功するものの、ナチスの台頭で、辛くもヨーロッパからシベリア、日本経由で、アメリカに移住したのだった。ニューヨークのダイヤモンドビジネスで成功した後、不動産業を営み、ホテル、ショッピングセンターを全米に展開する大富豪になっていた。

僕は、こんな人と知り合うチャンスはないと思った。**成功の秘訣を聞けるとしたら、この人をおいてほかにはいない！　と確信に近いものを感じた。そう考えたら、即行動だ！**

「僕は、あなたのような人物を捜していたのです。僕は日本に帰って、事業を興して独立したいと考えているんです。ぜひ、あなたの成功の秘訣を教えてください。あなたの言うことなら、何でもしますから」と叫ぶように頼んだ。

彼はしばらく黙ってから言った。

「私が出すテストにパスしたらいいでしょう」

ゲラー氏から与えられた最初の試練

彼の出したテストとは、「私はこの若者が人生で成功するのを心から応援する」と書いた紙に一〇〇〇人分の署名を三日以内にもらってこいというものだった。

テストと聞いたので、筆記試験でもあるのかなと漠然と考えていた僕は、この内容を聞いたときには戸惑って言葉が出なかった。しかし、こんなチャンスはそうないぞと思い直し、すぐに「やります」と元気よく答えた。

返事をしたものの、もちろん成算があるわけではない。やりますと言った直後から、正直、いったいどうしたものかと、困りはててしまった。一〇〇〇人と言えば、とんでもない数字だ。

アメリカではニューヨークなどの都会をのぞけば日本の繁華街のように、通行人がたくさんいるわけではない。ましてや、ここはアメリカでも道を歩く人がほとんどいないフロリダの田舎なのだ。とりあえず人がたくさんいるところに行くしかないと思い、ショッピングセンターで署名活動（⁉）をやることにした。断られることは、日本でちらし配りのバイトをしたときに経験済みだ。

ショッピングセンターでは、キャッチセールスよろしく、にこやかに道行く人に話しかけたが、うさんくさそうに見られて避けられつづけた。結局初日は、一日くたくたになって頑張っても、たった数十人しかサインをもらうことができなかった。言葉の問題もあったかもしれない。場所が悪かったのかもしれない。しかし、根本的な何かを変えなければ、とても三日で一〇〇〇人は無理だということは明らかだった。

絶望的な気分に打ちのめされながらも、真剣に新たな戦略を考えた。喜んで道行く人がサインをしてくれるような、何らかの仕組みが必要だ。いったい何をやればいいだろう?

そこで、考えたのが、折り鶴をプレゼントすることだった。日本を発つ前に、お守りにもらった鶴を有効活用するときがきた。友人が無事を祈って折ってくれた千羽鶴を一羽一羽に分解し、袋に詰めた。そして、よく眠れないまま、次の朝を迎えた。

「さあ、この日ですべてが決まる」と気合いを入れ、最初の通行人に話しかけた。

「こんにちは。僕は日本から来た学生ですが、ゲームに勝たなければ国へ帰れないんです。助けてもらえませんか?　お名前をサインしてくださるだけでいいんです。お礼に紙で折った鶴を差し上げます」

と言うと、あっという間に人垣ができた。僕の前には、行列ができ、みんな快くサインをしてくれるようになった。いわゆる入れ食い状態だった。なかには、家族、友人の名前まで書き、人数分の折り鶴をもらっていくちゃっかり者もいたが、僕にとって、そんな客は大歓迎だ。

おもしろいことに、列を整理してくれる子どものアシスタントまでつき、僕はたった半日で一〇〇〇人の署名を集めることに成功した。二日めの夕方、再びゲラー氏の家に勇んで行ったのだった。


手書きの署名リストを見ると、ゲラー氏は満足げな顔で僕を見た。

「短期間に、よくやったね。素晴らしい。誰も友人のいない異国の地で、君がこんなに早くやり遂げるとは思わなかったよ。新記録だね。君のような頭のいい青年なら、私が話すことをよく理解できるだろう。ところで、もう君は、私が教える前に実業家として成功する三要素を学んだんだよ」とニコニコして言った。

当惑している僕に、彼は続けた。

「**実業家として成功したいなら、三つの要素が絶対にいる。**何かをやろうと決めたら、その目標に向かって、戦略を立てること。そして、それを実行すること。それがうまくいくかどうかについて悩んで時間をつぶさずに、それをやり遂げる情熱だ。ところで、どうやって、名前を集めたのかな？」

一部始終を話すと、彼は満足そうにうなずいた。どうやら、最初の試験には合格したらしい。

「**困難にぶつかったとき、そういうクリエイティブなアイデアを出せるかどうかがとても大切なんだ。そこが成功と失敗の分かれ目とも言える。**ほとんどの連中は、そのポイントでいとも簡単にあきらめてしまう。そして、挙げ句の果てには、サインをしてくれない連中か、そのテストを出した私を悪者にするのがおちなんだよ」

「なるほど、そんなもんかもしれません」

「どんな実業家も、人に応援してもらうことなしに、成功することはできない。この署名を見てごらん。見ず知らずのアメリカ人一〇〇〇人が、君の成功を応援してくれているのだ。人に信頼されること、応援されること、この二つを上手にできたら、君は何をやっても成功できる」

いままで聞いたことのない話の内容と、語り口に僕は感動した。

「そうか、必死だったから気づかなかったけど、一〇〇〇人もの人が、この僕が成功するのを応援するってサインしてくれたんだ……」

いろんな思いがこみ上げてきた。

僕をテストすると同時に、信頼や応援の意味まで教える老人のすごさに僕は圧倒されたのだった。ゲラー氏は、言葉が出ない僕に語りかけた。

「君さえよかったら、しばらくここに滞在していくといい。部屋はいっぱいあるから。私と妻の二人きりだと、何かと寂しいしね。その間にいろんな話をしようじゃないか」

もちろん、僕にとっては願ってもないことだった。即座に「よろしければ、喜んで！」と答えた。

こうして、僕の運命を変えるゲラー氏のレッスンが始まったのだった。

幸せな金持ちになるレッスン開始

ゲラー家の客人となってから、一週間が過ぎた。その間、僕たちは、テニスをやったり、プールで泳いだり、一緒の時間を楽しんだ。期待していた成功へのレッスンは、何一つ始まらないままだったが、僕にとっては生まれて初めてと言ってもいいほどリラックスした時間だった。ゲラー夫妻といるのは、祖父母を早く亡くした自分にとってなによりも心地よく、時間はあっという間に過ぎていった。ある夕方、テラスでお茶を飲んでいると、ゲラー氏が話し始めた。

「ようやく、君も準備ができたようだね。そろそろ始めようか」

「え？　いまからですか？　僕は、最初の頃はやる気満々だったんですけど、いまはなんか気合いがなくなってしまって、どうしようかと少し不安に思っていたところでした」

「いやいや、**君の殺気立つほどの熱意は、かえって新しいことを学ぶのには邪魔になる**のだよ。

ちょうどいい具合にほぐれたところで、始めようと思ったのだ」

「そうだったんですか」とますます、気が抜けてしまった。

そんな気まで遣わせてしまって申し訳ないと思うと同時に、レベルの高い人は、人間を的確に見抜くんだなと感心した。

「私はね、いまから話すことをヨーロッパの富豪に教えてもらったんだよ。ユダヤ人の大実業家で、素晴らしい人格者だった。若い頃私は、彼のところに教えを乞いに行った。結局一年待たされた。さっき君に話したのと同じ理由で待たされたんだ。それからは、彼のオフィスや自宅に通い詰め、人生を生きる心構え、人との接し方、ビジネスの運営のやり方なんかを教えてもらった。その一番のエッセンスを君に教えてあげよう。けれども、それを教えるには条件がある」

僕は、「あれ〜、このあいだ試験にはパスしたんだけどな〜」とがっくりきた。そして、前回テストが一〇〇〇人の署名なら、今度のテストはどんなに難しい条件なんだろう!! と身構えた。

彼は、続けた。

「最初の一つは、この話を聞くからには、**絶対に幸せな金持ちになると約束してもらいたい**。その約束ができない人間には、この話はできないことになっている、どうかな?」

僕の頭の中でいろんな考えが錯綜した。

「むむ、約束できるものだろうか。もし、約束してそれを守れなかったらどうなるんだろう?

何か罰則でもあるのだろうか？」

しばらく考えて黙っていると、彼は決断を促すように言った。

「約束できるのかな？　できないようだと、この話はなかったことにしてもらおう」と席を立ちそうになった。

僕はこのチャンスを逃してはいけない！　と、思わず「約束します！」と叫んだ。

にっこり笑って、彼は語りだした。

「次の条件は、自分の人生に一〇〇％責任をもつことを約束してほしい。どうかな？　**自分の人生で起こることに自己責任をもつのだ**」と彼は言った。

僕は、よく言っていることがわからなかったが、もう「エイ！」という感じで「もちろん」と口走った。満足した彼は、続けた。

「**最後の条件は、この話を聞いて、君が成功したら、将来前途ある若者にこの知恵を教え、彼らの成功を手伝ってあげることを約束してくれるかな？**」と穏やかに聞いた。

僕は、それを聞いたとき、電流が全身に走ったような気がした。なぜか、頬には涙が流れた。

僕は、自分の涙に戸惑いながら、大きくうなずいた。

ゲラー氏は、僕を引き寄せると、ぎゅっと抱きしめてくれた。そして、言った。

「おめでとう。どうやら、君には、自分本来の運命の道を歩くときがきたようだ。さあ、迷わずにそれを受け入れなさい。あとは、それに身をゆだねるだけでいい」

「お金のことを忘れなさい」

待ちに待ったレッスンは次の朝に始まった。ベーグルとオムレツとサラダの朝食が終わると、二人にとってお気に入りのテラスへ行った。広さが一〇メートル四方ぐらいの美しい赤レンガ敷きの床に、きれいな装飾が施された屋根がついていた。雨の日には、ガラス戸を引くとそこは、大きな家になる構造だった。

そのテラスは、屋敷から少し離れ、美しい庭に面していて、客人たちとのガーデンパーティーを楽しめるようになっていた。その森の中のベンチに腰掛けると、彼は微笑み、口を開いた。

「最初に聞きたいんだけれど、**君はどうして、それほどまでに成功したいんだね？**」

「僕は、この一年、アメリカを講演してまわっていて、結局お金がすべての鍵だと思い知りました。人は、政治的理念よりも、金で動くということを。それで、社会を変えるには、成功して、金持ちにならないと無理だと考えるようになりました。それこそが、僕の使命だと信じているんです」と熱く語った。

いままで会ってきた成功者には、このトークが通じ、「若いのにたいした奴だ」と思ってもらえた自慢の語りだった。

しかし、ゲラー氏には今ひとつ感銘を与えなかったようだ。「あれれっ？　調子狂うな〜」と思っていると、彼はにこやかに語りだした。

「ということは、君は社会を変えるために、成功したいんだね？」

と少しからかうように言った。

「そのとおりです」

「では、社会さえ変えられたら、貧乏でもいいのかな？」

「う……」

これは、痛いところをつく質問だった。たしかに社会を変えたいという気持ちは、嘘ではなかったが、貧乏してまではどうかというと、答えに詰まってしまった。

「本音はどうなんだい？　社会を変えるのも、たしかに大切だけれど、それより、社会を変えられるぐらいでかい大物になりたいんだろう。それだけ、パワフルな成功者になって、人に尊敬されたいんだろう？　そうしたら、女にもモテるし、ちやほやされるし、いいことだらけだからね」

「…………」

図星を指されて、言葉が出なかった。自分でも考えてみなかった本当の理由があぶりだされ、恥ずかしさで全身から火が出る思いだった。この会話がビルの屋上で行われていたら、発作的に飛び降りたかもしれない。だが、目の前には、飛び込んでも怪我ひとつできそうにない青々した芝生が広がっていた。僕が言葉を失っていると、彼は続けた。

「いいんだ。私も実は、若い頃同じことを考えていた。そして、それを私の先生に指摘され、恥ずかしくてビルから飛び降りたくなったもんだよ」と言うと、軽快に笑い出した。

僕もつられて一緒に笑ってしまった。ここまでお見通しなら、もう好きにしてくれ〜という感じだったし、同じ体験をしたというゲラー氏に対して、とっても親近感をもったのだった。

「本当に成功したいなら、最初の動機が大切だ。それがずれていると、ぐちゃぐちゃな人生を送ることになる。パワーが欲しくて成功しようとすると、パワーゲームにはまってしまう。人の尊敬を得ようとすると、人から注目をあびたいという無間《むけん》地獄に落ちるんだよ。すると、どれだけ、社会的に成功しても、君は決して幸せになれない。成功するだけでは幸せになれないからね。**幸せに成功したければ、自分らしい人生を生きることに集中して、お金のことや成功することを忘れるのが大切なんだよ**」

彼の下手な英語のせいか、僕の英語の聞き取り能力がないのか、そのときの僕は、よく彼の話が飲み込めなかった。

「幸せな金持ちになるためには、お金のことを忘れろって言いましたか？」と聞いてみた。

「私は、『自分らしい人生を生きることに集中しろ』と言った。そして、お金や成功のことを忘れたほうがいいと言った」

「お金のことを忘れたら、どうやって金持ちになるのですか？」

「君はもうすでにお金にこだわっている。**お金にこだわっていると、幸せな金持ちにはなれないんだよ**。幸せな金持ちは、心が白紙の状態で生きている。あるがままを見て、言葉どおりを聞いて、感じるままに生きている。一方、ほとんどの人間は自分の見たいものを見て、聞きたいものを聞き、自分らしく生きているつもりで、他人の望む人生を生きている。私の言っていることがわかるかね？」

「それは、よくわかります。僕もアメリカで講演旅行をしてきましたが、びっくりすることがよくありました。あるとき、聴衆のひとりが、質問してきて、『あなたは、アメリカはひどい国だと言ったけど、日本はどうなのだ？』と怒っているのです。僕は、アメリカがひどいなんて一言も言ってないんですよ。さすがにそのときは、周りの人たちが彼女をたしなめてくれたほどです」

「では聞くが、なぜ、その人はそんな聞き間違いをしたんだと思う？」

「それは、たぶん、彼女が感情的になっていたからでしょう」

「君もいま、まさしく同じことをしたのだよ。お金を儲ける秘訣を知りたいというあせりと、答えが期待していたのと違ったので、感情的に動揺してしまったのだ」

「たしかにそうです。すみません」

「いや、謝る必要はない。ただ、幸せになりたければ、心を穏やかにして、相手が何を言っているのか静かに聞くことだ。相手が何を意図してそれを言っているのか、よく理解することが大切なんだよ。

私は、『**幸せな金持ちになるためには、自分らしい人生を生きる必要がある**』と言ったのだ。多くの人は、金を求めて、さまよい歩き、金のためには何でもするようになる。でも、皮肉なことだが、結果的には、一時的に手に入れた金を失い、心の平安、幸せ、時には健康までも失ってしまう。君には、同じ間違いを犯してもらいたくない」

ゲラー氏は続けた。

「**成功をうまく忘れることができた人間だけが、幸せに成功できる**んだよ。社会的尊敬や力、愛情、友情を成功やお金に求めた人間は、不幸になってしまう。なぜなら、成功に行き着いたとき、そこに心の平安や幸せがないのに気づくからだ」

「とにかく、いまは忘れたらいいんですね?」

「そう、そういう素直な心構えはとってもいいね。私の言うことをすべて信じなくてもいい。検証してみて、それが本当だと思うなら、受け入れなさい」

ゲラー氏にいろいろ言われて、全身にみなぎっていた力が抜けていく感じを味わった。それは決して悪い感じではなかった。いままで虚勢を張っていただけだったと本当に理解したのは、ずいぶん後のことだった。

世の中の現実と向き合う

「次に君に考えてもらいたいのは、世の中の現実についてだ。世の中には、どうして社会的、経済的に成功している人と、そうでない人がいるんだと思う？」

そう問われて、僕は答えることができなかった。

「なぜだろう。考えてもみなかったな。成功したいとばかり考えてはいたけど。なぜ成功する人とそうでない人の二種類の人間がいるんだろう？」

そこまでは考えが及ばなかった。何も言えないのも悔しいので、

「学歴や生まれた家柄、才能や運でしょうか？」

と思うつくままを答えた。すると彼は静かに笑った。

「普通はそう考えるだろう。だから、自分は成功できないと考えてしまう。成功していく人間は、そういうものは成功とまったく関係がないと考えるのだよ。なぜ彼らがそう考えると思う？　それは、現実の人生をよく観察しているからさ。世の中で成功している人間とそうでない人間の違いをよく観察していると、成功に学歴、家柄、才能、運がまったく関係ないのがわかるのだ」

　ゲラー氏は続けた。

「成功する人間は、ものがその存在のありのままに見える。しかし、普通の人は違ったものを見る。偏見や恐れ、ゆがんだ価値観、倫理観からものを見るので、何も見ていないのと同じだ。**物事の本質を見抜く目をもつこと、それこそが幸せに成功するための大切な要素なのだ**」

　そう語る彼はとっても雄弁で、ふだんの物静かな感じとはまったく違って、神々《こうごう》しさに満ちていた。

「目を開いて、あるがままの現実を見ることができれば、成功は約束されたようなものだ。

　君にいまから17の秘訣を伝えよう。その一つひとつをマスターする際に、この目を開いてものを見ることは大切だ。それなしに、この知恵を習得することはできない。そのためには、自分の中の恐れ、不安、偏見や思い込みをすべてクリアにしなければならない」

第1の秘訣

社会の成り立ちを知る

朝の散歩から帰って、テラスに落ち着いたゲラー氏は、上機嫌で語りだした。

「最初に君が知らなければならないのは、『社会の成り立ち』についてだ。いまの社会がどのように成り立っているかを知らなければ、成功することはできない。金持ちの子どもたちは、小さい頃から、この種の知恵を代々教わっている。世の中の仕組みを知らなければ、金持ちになるのは難しい。

君は一生懸命頑張れば、金持ちになれると思うかい？」

「頑張れば、なんとか道は開けると思います」

「では、世の中には同じ年齢でも、年に五万ドル（五〇〇〇万円）稼ぐ人間と、五〇万ドル（五〇〇〇万円）稼ぐのと、五〇〇万ドル（五億円）稼ぐのがいるね。彼らの違いはなんだろう。五億円稼ぐ人間が五〇〇万円の人間の一〇〇倍働いただろうか？」

「はあ、それは無理でしょう」

「まず間違いないが、年収五〇〇万円の人間がいちばん忙しくて、一生懸命毎日頑張っているだろう。

年収五億円の人間は自分のビジネスを所有していて、年収五〇〇〇万円の連中を経営者に迎え入れている。

五〇〇〇万円稼ぐ経営者は、職を求めてやってきた年収五〇〇万円の連中を従業員として雇ってビジネスを切り盛りしているのだ。

ところで、このあいだテレビで見たんだが、東京では、朝のラッシュアワーには、電車に人を押し込む係の人がいるんだって？」

ゲラー氏は、日本のことについて、結構詳しかった。その土地の人間の考え方、感じ方にとても興味があるらしい。何でそんなことまで知っているんだろうと思いながらも、「はい、そうです」と答えた。

「そのラッシュのときに、押す側も、押される連中も、年に五億稼いでいるとはとても思えないね。どちらかというと、年に五〇〇万円のほうだろう」

「たぶん、おっしゃるとおりだと思います。その三者の違いは、どこからくるんでしょうか？」

するとゲラー氏はいたずらっぽい顔をして、切り返してきた。

「どこが違うんだと思う？」

彼の教えはいつもこういう感じだった。相手に考えさせるようにし向けるのだ。簡単に答えを教えてくれるような甘いタイプではない。頭に汗をかかせるのが彼のスタイルだ。そのうちに、相手は真剣に考えるクセがつき、自立できるようになる。

彼の部下によると、彼は質問の天才らしい。**質問に答えているうちに、正解が出せるようになってくる。**質問に答えようとしたほうは、自分でその答えを思いついたと喜んでいる。本当は、ゲラー氏の絶妙な質問が正解を導き出したのだが、そう感じさせないところがすごいのだ。

サッカーのパスでも、相手が走っていくであろうスペースに、ポンと蹴り出すのが一流選手らしいが、ゲラー氏の質問もまさしくそんな感じだった。

「才能でしょうか？」

「才能があっても、成功しない連中はたくさんいるよ」

「では、努力ですかね？」と自信なげに僕が答えた。

「ほとんどの人間は、精一杯やっている。努力した人間がみな成功できたら、どんなにいいだろうね」

サービスの質と量で報酬額は決まる

ゲラー氏はそう言って、

君が提供したサービスの量と質＝君が受け取る報酬額

と大きく紙ナプキンに書いた。

「君がいまからどんなことを人生でしても、これを覚えておきなさい。君が何をやっても、この法則が当てはまる。君が世の中に対して与えたサービスの量と質が、そのまま君の受け取る報酬に等しくなる。道路の掃除をする者は、それに見合うお金をもらう。会社勤めをすると、決められた給料をもらう。スターは多くの人を喜ばせているので、巨額の報酬を得る。外科医は、その技術によって、高い報酬を得る。わかったかい？　君が将来提供するサービスがそのまま報酬になってくるのだよ」

「はい、よくわかりました。でも、どうしてお金のことを忘れるんですか？」

「ハハハ。私が二回も君に忘れろと言ったのに、まだお金のことを言うんだね。お金のことを忘れるのは、サービスをすることに意識を没頭しなさいという意味だ。給料をもらう人間は働いている時間が退屈なので、その時間が早く過ぎないかだけを考えている。**普通の人は、『人からもらえるもの』にしか興味がないのだ。だから、金持ちになれない。**

一方、スターと呼ばれる人たちや、事業で成功している人たちは、その仕事を辞めるのが難しいくらい、自分の仕事を愛している。自分のやっていることにワクワクして、今度は何ができるだろうかと考えている。言ってみれば、与えることばかり考えていると言えるだろう。だから、彼らは、ますます金持ちになっている。

ビング・クロスビーやフランク・シナトラが大勢の聴衆の前で歌を歌うとき、一曲歌ったらいくら儲かるなんて考えながら、歌っていると思うかい？　彼らは、その時間を心から楽しんでいるんだよ。終了時間がきても、もっと歌わせてくれと言うだろう。どちらがたくさん金を稼いでいると思う？　そして、どちらが幸せだと思うかい？」

「それは、もちろん、スターや、好きなことを仕事にしている人でしょうね」

出てくるスターの名前の古さに少し戸惑いながらも、僕は答えた。

「そのとおり。**お金儲けのことばかり考えている連中より、仕事が大好きでしょうがない人間の**

ほうが成功するのだ。簡単なことだ。だから、お金のことを考えるなと言ったんだよ。ここに、花が大好きでしょうがない花屋と、儲けてやろうと思っている花屋がいるとしよう。花屋で金儲けをしようという人は、一本あたりの原価とか、客単価とか、経費とかばかり考える。

花が好きな店の主人は、自分の大好きな花で、お客さんをどのように喜ばせようかと考えている。余分にサービスしようとか、きれいにラッピングしてあげようとか、お客が喜ぶサービスを無限に思いつく。**お客にいかにたくさん与えられるかを考える。**そんな花好きの人間は、トイレに行っても、お風呂に入っても、花とお客さんのことで頭がいっぱいだ。

一方、利益ばかり考えている花屋は、その逆をやる。一本サービスするなんて、とんでもない。ラッピングするときは有料にして利益を出そう。もっとたくさん客に花を買わせてやろうと、客から奪うことばかり考える。どちらの花屋で花を買いたいかね？」

「それは、お客さんを喜ばせようとする花屋でしょうね」

「そうだね！　**人は、自分の好きなことをしている人間を応援したくなる**ものだよ。客は、花を愛する花屋で花を買うと、幸せな気持ちになる。君が店に顔を出すと、その花屋は世界一幸せな人のようにうれしい顔で迎えてくれる。その喜んだ顔を見たいがために花を買いに来る人もいるだろう。だから、幸せになり、成功したければ、好きなことを仕事にして自分らしい人生を送ると決めることだ」

「はい、わかりました」

ゲラー氏に「そのとおり！」と言われたり、誉められたりすると、とてもうれしかった。彼に誉められるのがうれしくて、僕は一生懸命質問してしまうほどだった。

自由人と不自由人――立場が幸せと豊かさを決める

「いいかね。よくこれを覚えておくといい。すべては自分がとった立場で決まる。立場の違いで人生はまったく違ってしまう。立場さえ間違っていなければ、才能は自然と開発されるようになっているものだ。そして、君に知ってもらいたいのは、先進国では、誰もそれを他人に強制されるわけではなく、自由に自分で決められるということだ。つまり、金持ちか、貧乏かどちらかを自分で選択できるということだ」

「立場ですか⁇」

「**世の中には、二通りの人間しかいない。自由な人と不自由な人だ。**

自由人は、経済的、社会的、精神的に独立して、誰からの援助も指図も受けない。その人個人が考えるとおりに人生を生きている。不自由人は、経済的、社会的、精神的に誰かに依存している。だから、自分は誰なのか、自分が何をやりたいかも知らない。いや、考えようとしていないといったほうが正確だろう。そして、自分の人生の問題を両親、兄弟姉妹、結婚相手、政府、会社になんとかしてもらおうと考える。

自由人は毎日、自由、チャンス、豊かさ、楽しさ、与える喜び、感謝に満ちて生活している。不自由人は、窮屈さ、徒労感、貧困、欠乏、競争、嫉妬、イライラ、不満、怒りなどを感じながら生活している。どちらがいいかね？」

「もちろんそれは聞くまでもないじゃないですか？」

「じゃ、君は自由人の責任に耐えられるかな？ **自由人はその代償として、払わなければならないこともあるんだよ**。それは、世間からの誤解、批判や内にある罪悪感などがそうだ。そういうことをわかった上でも、金持ちになりたいかどうかだね。人によっては、普通の人生を生きたほうがよほど幸せだということもある」

「なんか深いですね。具体的なイメージがつかないんですが、彼らは、職業で言うと、どんな仕事をしているんですか？」

「一言で言うと、不自由人は、日常的に仕事をしなければ、生活していけない人だ。自由人は、毎日何もしなくても豊かな生活を送ることができる連中だ。世界中どこにいようと、問題ない。経済的にも、精神的にも自由だから、彼らを自由人と私は呼んでいる」

ゲラー氏は、紙ナプキンの上に図のようなものを書いて、具体的に一つひとつ説明してくれた。

不自由人

会社員・公務員
大企業の社長・役員
自営業者
中小企業の経営者
自由業（医者・弁護士・会計士など）
普通のスポーツ選手、アーティスト
無職の人

自由人

流行っているレストランやお店のオーナー
印税の入る作家、画家、アーティスト
特許、ライセンスなどをもつ人
マルチレベルマーケティングで成功した人
マンションや土地から家賃収入を得る地主
有名なスポーツ選手、アーティスト
株、債券、貯金の配当を得る人

「会社員や公務員は説明する必要はないだろう。彼らは、自分の労働力を提供することで、給料をもらう。彼らの中で優秀な連中の考えは、会社や役所に認めてもらう能力を身につけることだ。彼らの中で怠け者は、いかにうまくズルをして、それを見咎《みとが》められないかに全力を尽くす。領収書をごまかしたり、勤務時間なのにサボったりするのだ。

いずれにしても、あまり、給料は変わらない。それは、彼らの給料の計算方式が社会主義に基づいているからだ。いくら個人が稼いでも、組織の構成員の中でできるだけ均等に配分することを前提として動いているからなんだ。そういう点では公務員は共産主義に近い。どれだけ頑張っても、能力で評価されることはない。

たとえば、道路工事を一〇億円安く業者にさせたからといって、一〇〇〇万円のボーナスをもらう公務員がいると思うかね。私は、優秀な公務員にはそれぐらいボーナスを払う価値は十分あると思っているんだが、社会はそれを許さんらしい。一〇億の工事を発注するかわりに一〇〇〇万円を賄賂として受け取ったという話ならたくさん聞くがね。いずれにしても、金持ちになりたければ、会社員や公務員になるのは、大きな間違いというものだ」

「なるほど。頑張っても、努力しても報われない場所だということですね」

「そのとおり。けれども、**大多数の人間は、いまいるところで頑張れば道は開けると考えてしまう。そこで、無駄な戦いをやって、ボロボロになって力つきてしまうのだ。**本当は、その場所から出ないといけないのだが、かわりに夜学で簿記を習ったり、コンピュータを習ったり、スキルを高めようとする。

それ自体は悪くない考え方だが、金持ちになったり、幸せになるためには、ぜんぜん努力する分野が違うのだよ。彼らがやろうとしているのは、会社によりよく評価してもらうことだけだ。転職についても一緒だ。このスキルがあれば、転職しても困らないと考えるのだろうが、結局は他人のために働くだけだ。

君が金持ちになりたいなら、会社員でいるという期間はできるだけ短いほうがいい。自分の学びたいスキルを学ぶ学校ぐらいの気持ちで行ったらいいだろう。それぐらい軽い気持ちで行かないと、君は、現代企業社会の洗脳の犠牲者になってしまう。会社の外に出て失敗した人のホラーストーリーをたくさん聞かされて、君も余計なことは考えないほうがいいとささやくのだ。

会社に長くいると君は人生を生き抜いていくパワーを知らない間に抜かれてしまうだろう。だから、一時的に会社に属することはあっても、魂までも預けないことだ。特に日本の会社はハラキリまでさせるらしいから、気をつけなさい。もっとも、君は会社のためにハラキリをするような人間には見えないがね、ハハッハ」

「なるほど。本当にそのとおりですね。でも、会社の社長と聞くと金持ちになれそうな気がするんですけど？」

「会社の雇われ社長や役員も同じように不自由な人だ。彼らの給料は多いかもしれないが、株主や監査役など様々な人から監視を受け、大変なプレッシャーで仕事をしている。アメリカの会社はヨーロッパや日本に比べてCEO（最高経営責任者）にたくさん支払う傾向があるので、まだマシだが、いずれにしても、時間の自由がないことから考えると不自由人と言えよう」

「日本の上場企業の社長はそうですが、アメリカの社長なら、すぐに金持ちになれるんじゃないですか？」

「報酬をしっかり貯めて、その資産運用で生活できるようになったら、自由人の仲間入りをすることもできる。現在の職業は会社の社長であっても、本質的には投資家としても生きていることになる」

自分で商売をやることは、辛く苦しい生き方になり得る

「自分の商売をやる自営は、時間の拘束もないし、自由な感じがします。僕は日本に帰ったら、どこかの会社に勤めるのではなく、独立して自営の道に行こうと考えていました。僕にとっては、理想の生き方のように思えるんですけど、彼らもやっぱり不自由人なんですか？」と僕が聞いた。

「君はあまり働いた経験がないから、そう思うかもしれない。**この不自由人の中でも、実は自営業者がいちばん自由から遠い**人たちなんだ。私がこのなかで最もやりたくないのは、この自営業だね」

「どうしてですか？　通勤もなく、自分で仕事や時間を決められそうだし、誰にも管理されないのに？　まして、やればやるほどお金になるなんて最高だと僕は思いますけど」

「君も自営業の罠にはまるタイプだな！」とニコニコ笑ってゲラー氏は答えた。

「会社に勤めている人間は、たいていそう考えて自分のビジネスをやりはじめる。けれども、数ヵ月のうちに、それがとんでもない考え違いだったと気づくのだ。**独立してビジネスをやると、たしかに同じ仕事で収入も何倍かにはなる。**仕事が取れればの話だがね。

現実は厳しいものだ。仕事の受注に苦労するようになって、あれ、何かが違うぞとあせるものだ。そして、いままで営業に何の苦労もなかったのは、会社の信用とそれを支えてくれる人たちのおかげだったことを理解するようになる。大企業にいたときには、営業だけやっていればよかったから、どんどん受注すればよかった。それなのに、自分の給料は、自分が売り上げた金額の何分の一にしかならないのを不満に思っていたわけだ。

自営業になると、経理、宣伝、総務、電話番、その他雑用すべてをこなさなければならない。仕事をもっと取れそうなときでも、一人では限界があるので、受注まで制限してしまう。そこで、大企業にいたときのほうがどれだけ楽だったのかにようやく気がつくのだよ。

また、自分の売り上げの大半がなぜそれらの間接部門にも使われていたかを理解するようになる。自分でビジネスをやっている連中の多くは、新規の客を探したり、クレーム処理に仕事の大半の時間を費やすようになる。それが終わってから、受注した仕事をこなすのだから、勢い一日二四時間、フル稼働になってしまうようになる。でも、仕事の報酬としてもらえるのは、当たり前だが、お客へのサービスをしたり、ものを売ったりした分だけだ。実際の労働時間はもっと長いのにね。休みの日でも、仕事のことばかりが頭をグルグルかけめぐることになってしまう。

自営業の人間が休めるのは、死んだ後だな。私もずいぶん長い間やったけれど、自分でビジネスをやるのはそれほど、大変なものだよ」

「でも生き生きやっている人もいますよね？」

「もちろん。それは、自分の分を知っている連中だけに言えることだ。独立して成功してやろうという野心をもっている人間は、小さくまとまりたいなんて考えていないのだよ。独立に成功して、中小企業のオーナーとなっても、途中で気が抜けない人生のパターンは続くからだ。落とし穴はたくさんあるんだ。

そもそも、仕事が好きで、バリバリこなせるタイプが自営業を目指す。彼らの多くは拡大志向なのだ。大変な創業時期を不眠不休で乗り切り、拡大していく。すると、従業員が一人増え、二人増えしてくる。従業員の人数が増え、売り上げが増えることは彼らにとっては、勲章が増えていくようなものだ。

でもそうすると、たいてい、社長の仕事も爆発的に増えてしまう。組織ができ上がるまでは、結局社長がすべてに目を光らせておかなければいけないからだ。そして、まだこの段階の会社にはたいした人も入ってこない。売り上げも社長一人で九〇％の売り上げを上げ、従業員の給料を払うのが実態なんだ。会社の売り上げは飛躍的に増えているのに、自分の給料はほとんど増えない。それどころか、新しい社員のために仕事は増え、自分の給料が未払いになったりするのだ。

この時期ならまだ方向転換も可能だ。従業員の人数が一〇人くらいなら社長の個人のポケットマネーでなんとかやりくりすることができる。けれども、数十名になれば、とても個人の資産では追いつかない。その頃には、借り入れも増え、やめることができない状況に追いやられる。準備なく一気に拡大すると、会社に自分の人生を食われてしまうのだ。私はこの状況に来て、何かが変だと気がついた。そこで、システムをつくり、従業員をなるべく必要としないビジネスを構築したんだよ」

「ビジネスのシステムですか？」

「そう、**ビジネスシステムをつくるかどうか、これが成功の鍵を握る。**同時に、この鍵は、自由人への世界の扉でもあるのだよ。君が若くして成功したいのなら、この鍵がどこにあるのかに意識を集中させなさい」

「よくわかりました。システムをどうつくるかですね。でも、不思議なのは、どうして、社長になる人は、会社を大きくしたがるんでしょうか？」

「実にいい質問だね。素晴らしい。それは、彼らの内面の問題からくるんだよ。中小企業の経営者の落とし穴と言ってもいいかもしれない。

それは、もともと会社を創業するときの立ち位置がずれているのだ。彼らは自分の会社を大きくすることで、自分の満たされない部分を満たそうとする。空虚感を埋めようとすると言ったほうがいいかもしれない。

外見からは成功者に見えるが、内面はボロボロだったりするのだよ。家族からも従業員からも相手にされなくなってね。楽しみは会社を大きくすることだけの人間になってしまうのだ。二四時間ビジネスのことばかり考えるようになり、頭はそれで独占されてしまう。子どもや奥さん、友人たちとの楽しい時間より、ビジネスのほうを優先させるようになる。親しい友人はいない。信頼して相談できる相手もいない。

けれども、ビジネスを一緒にやっていく同じような魂を失った仲間なら大勢いるから、寂しくないのだよ。こういう連中はビジネスに魂まで食われてしまったのだ。君は、こんな**みじめで孤独な成功者にならないように気をつける**がいい」

「怖いですね。そういう人たちはどうなるのですか？」

「**自分の身の程を知らずに拡大しつづけると、やがて破綻する**ときが来る。自分の得意なことをやってきた連中はたいていこの罠にはまってしまう。自分の好きなことをやってきた人間はこの落とし穴には落ちない。会社を大きくするより、適正規模でやるほうがよほど自分らしく、好きなことに打ち込めることをよく知っているからね。規模の拡大より、自分のやりたいことを優先するから、結果的に破綻せずにすむのだ」

「破綻を避ける方法あるのですか？」

「もちろん。**自分自身と向き合い、いまの現状に足るを知る**ことだ。それは、家族や友情のサポートなしにはあり得ない。会社の成長よりも、人生の意味を考えるようにならなければ、足下《あしもと》をすくわれてしまうのだよ。心から満足している人は、無理に会社を大きくしようとは考えないものだからね」

医者、弁護士は収入の多い不自由人

医者や弁護士などは、成功者のイメージが強かったので、「彼らは自由人ではないのですか？」と聞いてみた。

「彼らは、頭が良くて収入の多い不自由人だよ。自分では、成功者だと勘違いしている連中もいるがね。私から見たら、彼らも貧乏人の一歩手前にしか見えないね」

「でも収入は多いんじゃないですか？」と聞くと、

「**収入の多さと自由人であるかどうかは関係がない**。収入が多い人間は、支出も多いものだよ。来月も、来年もお金が入ってくると油断するから、なかなか資産をつくろうとしない。自由人の定義は、仕事をしなくても生活していける人だよ。

不自由人は、今月仕事をしなければ、しばらくすると生活に行き詰まってしまう人たちのことだ。医者や弁護士の稼ぎは平均より高いのは間違いない。しかし、彼らのライフスタイルを見るがいい。彼らの多くはいい家と車をもっているだろう。なかにはヨットや別荘をもっている連中も多い。それが、成功の証《あかし》だと思っているし、節税対策だと乗せられて多額のローンで、贅沢品を買っているのだよ。彼らが患者を診なくなったり、法廷に立たなくなってごらん。収入はゼロだ。

こんな連中が自由人だと言えるかね。彼らの中には病気で仕事を半年でも休んだら、もう自己破産の手続きをしなければいけないのもいるくらいだ」

「どうして、そうなるんですか？」

「それは、彼らがお金のことをよく知らないからだよ。弁護士や医者になる連中は、小さい頃から学校の勉強ができ、親の言うことを聞いてきた人間が多い。小さい頃から得意なことばかりやってきたタイプだ。大人になって、お金と社会的地位を手に入れる。これだけ頑張ったんだから、お金を使ってもいいだろうと考えて、ガードが甘くなるんだね。頭脳が優秀なことと、お金のことを知っているかどうかは、まったく関係がないのだよ」

「お金の知識がないために、ずっと働きつづけなければいけないなんて、苦しいですね」

「そうだね。本当ならもっと幸せな感じがしてもいいはずが、ぜんぜん幸せな感じがしない。それもそのはず。自分の大好きなことはさっぱりやっていないのだからね。たまには、自分の本当に好きなことは何かということに思いを馳《は》せるが、ぼんやりした夢のままだ。

現実に好きなことを探したり、人生を変えるほどの勇気はない。そんなことをやったら、いま手に入っているものを捨てることを意味するかもしれないからね。気づいた頃には、贅沢な生活に慣れ親しんでいて、それを手放すことができない。人間は一度上げた生活レベルを落とすのは難しいものだ。高級ブティックで買い物をするのに慣れた奥さんに何て言えばわかってもらえるだろう？

『大好きな絵だけ描いて生活したいから、もう仕事を辞めるよ』と言っても、『馬鹿なこと言ってないで、早くオフィスに行ってよ！』と言われておしまいだ。

自分にウソをつきながら、毎日の業務に忙殺される。そして、そのあいだに徐々に、魂がむしばまれていくのだ。医者や弁護士などの職業につき、表面上は成功して問題のなさそうな人が、アルコール中毒になったり、自殺してしまうのはこのためだと私は思うよ」

「どうして、医者とか弁護士とかエリートにそういう人が多いのでしょうか？」

「それは、教育システムの弊害だと私は思う。勉強できるのが偉い連中だという考えが、はびこっている。**勉強ができる、いいキャリアをもつことが、成功＝幸せにつながるなんていう馬鹿げた幻想があるからだね**」

「なんか、悲しいですね。医者や弁護士になっても幸せになれないんですか？」

「もちろん、そんなことはない。医者や弁護士にも幸せで素晴らしい人たちはたくさんいる。私の友人を見ても、それが天職のように喜んでやっているのがいる。でも、彼らの多くは質素な生活をしている。自分のやっていることを深く愛しているので、自分を飾り立てたり、贅沢品で身の回りを固めたりすることに興味が行かない。結果的に、彼らは、しっかりとした資産を築き、早々のうちにリタイヤしてもいい状態になる。そうすると、もともと大好きな仕事を純粋に楽しめるようになる」


スポーツ選手やスター・芸能人の多くも不自由人

「仕事をやらなければいけないという点では、スポーツ選手やミュージシャンの多くも不自由人だね。去年いくら稼いだとしても、今年バッターボックスに立ってヒットを打たなければ、報酬はもらえない。一〇回の打席のうち、三回ヒットを打っていた人間が、もう一回でもミスが増えると、来年の収入はナシだと考えたほうがいい。ミュージシャンもステージで歌わなければ、お金にならない。ヒットが出なければ、歌ってもお金にならない。その点、プレッシャーは普通の自営業者よりもきついかもしれない。人気をキープして、結果を出し続けなければいけないんだからね」

「なるほど。でも、大ヒットしてレコードが売れ続けたら、彼らは自由人になるわけですよね?」

「もちろん。いいところに気がついたね。**自分が働かなくてもお金が入ってくるようになれば自由人の仲間入りができる。**スポーツ選手の多くが現役時代にそれに気づき、引退後に備えてレストランを経営するようになるのは、そのためだ。しかし、たいていの場合は、うまくいかずに失敗してしまうんだ」

「それは、彼らが自由人のセンスをもっていないからですか?」

「そのとおり!! **自由人と不自由人では、人生のルールが違うんだよ。**それを理解しなければ、自由人として成功することはできないのだ」

自由人という生き方

「では、自由人はどうだろう。ビジネスのオーナーは、自分が働かなくても、スタッフが働いてくれる。お店をもっていたとしたら、優秀なマネージャーが店の切り盛り、従業員の教育などをやってくれる。君が世界中どこにいようと、会社はそいつがしっかり経営してくれているのだ。君は、みんなが楽しく幸せに働ける仕組みをつくればいい。そこに優秀なマネージャーがいれば、君なしでも大丈夫。もちろん、マネージャーにはたっぷり報酬を払わなければいけないが、その価値は十分にある。そして、君の銀行口座にお金も自動的に入ってくる。成功した画家や作家、ミュージシャンも自分の作品が売れるごとに印税が入ってくる。

彼らが風邪で寝てようと、ハワイでのんびりしてようと、地中海に浮かべたヨットでバカンスを楽しんでいても、確実に銀行預金の残高は増えていくのだ。成功したスポーツ選手は、ライセンスやコマーシャルの契約で同じような立場に立つことができる。彼らの名前の入ったバスケットシューズが売れるたびに、一定の金額が彼らの口座に振り込まれる」

「働かずに金持ちになるなんて、なんか、ずるくないですか？」

「現在の世の中は、**経済価値や喜びを与えた人間が豊かになるようになっているんだよ**」

「そうか、人を喜ばせている分だけ、見返りにお金を受け取っていると考えればいいんですね」

「そのとおり。マルチレベルマーケティングビジネスについても同じだ。一度ビジネスを立ち上げて、流通を起こすことができると同じように自由人になることができる」

「マルチレベルマーケティングビジネスって何ですか？」

「アメリカでもまだまだ誤解が多いビジネススタイルでね、個人が商品の販売網を広げて、その流通した金額に応じて収入が増えるシステムなんだ」

図を書いて説明してくれた。

「それってねずみ講ではないんですか？」

「ねずみ講は先に入った人間がすべてのお金を取る。**マルチレベルマーケティングビジネスは、その人が起こした流通の金額によって収入が決まる。**必ずしも先に入ったからといって、収入を多く取れることにはならないんだよ。このスタイルのビジネスは、いまから増えていくだろう。時代の流れが個人に向かっているからね。日本でも、将来きっと広がると思う。日本人は、人間関係を大切にするというからね」

「そうかもしれません」

「不動産や株をもっている人が自由人なのは、説明の必要はないだろう。彼らがどこにいようと、配当、利子などの形でお金が入ってくる。彼らの中には税金を嫌って国籍を捨てるものさえいる。彼らぐらいになると、いろいろ税金を払わずに済ませる方法も知り尽くす。節税の専門家を雇い、最大限の節税を試みる。億万長者でも払っている税金は微々たる額だったりするのだ。

金持ちが人から奪っているというのは、工場経営の時代の幻想だよ。金持ちは多くの人に喜びを与えるから、金持ちになったのだ。いまからの情報化時代を考えると、ますますその傾向は増すだろう」

それぞれの職業、立場には独自のルールがある

「君が知っておくべきことは、それぞれの職業には違った成功のルールがあるということだ。ある職業では役に立つことが、別の職業ではまったく役に立たないことがある。そのルールのすべてを学んでいるヒマは人生にはない。

だから、できるだけ早いうちに自分の生きていくスタイル（少なくとも自由人か不自由人か）を決めたほうがいいんだ。年齢がいけばいくほど、ルールを学びなおすのは難しいからね。成功した大企業の従業員が、起業家として失敗するのは、このためなんだ。彼らが学んだ『大企業での成功の法則』は、ベンチャービジネスでは役に立たないことが多い。

たとえば、すぐれた銀行員になるためには、多くの研修で細かい実務を学ぶ必要がある。お金の流れ、伝票の記入の仕方、支店間の勘定のやりとりなど、様々なことを知らなければ、一人前

の仕事もできない。でも、その銀行員が広告代理店に転職したら、それまでの一〇年かけて得た銀行の知識のほとんどが役に立たないのに愕然とするだろう」

「なるほど、本当にそうですね。だんだん、おっしゃっている社会のメカニズムがわかってきました」

「君にわかってもらいたいのは、金持ちになれば、多くの人を助けることができるということだ。お金に縁のない人にはその力はない。金持ちは、お金や知恵を使って多くの人を助けられる。君は、社会のシステムのおかしさについて嘆くより、金持ちになって多くの人を援助してあげることもできる」

自由人と不自由人の人生の違い

「自由人と不自由人の人生の違いはどのようなものですか?」と僕は聞いてみた。

「まったく違うね。自由人は、朝目を覚ますと、爽快な気分でこう考える。『ああ、素晴らしい日だな! 今日はどんな楽しいことをしよう?』。一方、不自由人は、朝目を覚ますと、こうつぶやく、『ああ、今日も会社か、あと五分だけ寝てよう』」

「僕は、もう五分寝ていたいタイプですね」

「**自由人の人生には、『しなくてはならないこと』がとても少ない。**朝起きてから夜寝るまで、すべてその人の自由時間だ。自分のオフィスに通勤する必要もないし、誰かに気を遣う必要もない。自分がやりたいことを探して、それを心ゆくまで楽しんでいたらいいのだ。家事や車の運転、料理なども、気が向いたらするし、面倒くさければ、やってくれる人間がいる。ゴルフでも、旅行でも、好きなときにいけばいい。

一方、**不自由人の人生には、『やらなければならないこと』だらけ**と言ってもいいぐらいだ。朝起きて、急いで朝食を食べ、通勤の車にあわただしく乗り込む。オフィスにつくと、自分が誰かなんて考える余裕などない。仕事をいかにこなすかしか頭にない。たまにボーッと考えることは、前の週末が楽しかったことと今度の週末のことぐらいだ。自分の自由になる時間はほとんどない。家に帰っても、すべきことがたくさんあるからね。子どものことや、家事、家の雑事、全部やらなければならない。人生で好きなことなど考えている余裕もない。

実際、以前私のところに相談にきた中に、おもしろい奴がいたな。君に話したように『幸せになったり、金持ちになるためには、時間をかけて自分を見つめる必要がある』と言ったんだ。そうすると、彼は何て言ったと思う？　『そんなこと考える時間がありません！』と悲鳴のような声を出していた。それこそがまさしく問題なのだよ。

不自由人は、自分で自らを不自由にしている。夜や週末の時間を平日の仕事の憂さ晴らしに使ってしまっている。その貴重な時間を使って、自由な人間になる計画を練るなんてことは考えもしない。人生を見つめなおして、再構築するなんていうことに頭がまわらないんだ。もう少し、やる気のある連中は、簿記を習ったり、コンピュータを勉強したりしている。でも、彼らも、自分の努力は、より優秀な不自由人になるためのトレーニングにすぎないことを知らない」

「なんか、話を聞いていると切ないですね」

「私もそう思う。でも、実は、彼らが望んでいることなのだ。自分を変革する面倒な作業よりも、日々の生活に追われるほうがいいのだ。その証拠に、そこから出たいと真剣に思った連中は、自分に向き合い、人生を変えている。私は、たくさんそういう連中を助けてきたのでよくわかる。**その人が真剣に人生を変えようと決めるまでは、何も変わらないのだよ**」

「…………」

「不自由人は、とにかく、やらなければならないスケジュールで手帳がいっぱいだ。『仕事をやる気分じゃないから、明日から二週間バカンスに行ってくるよ』なんてことは許されない。自由人のスケジュールは、自分で好きに決めていい。忙しいのが好きなら、忙しくしたらいいし、のんびりタイプは、何もしなくていいのだ。彼らの中には手帳をもっていないのもいる。その代わり、彼らは何をもっているんだと思う?」

「さあ、何でしょうね。スケッチブックか何かでしょうか?」

「近いね! 彼らは、スケジュール手帳の代わりにアイデア帳をもっている。フッと頭に浮かんだアイデアを書き留めるノートだ。不自由人は、能率を上げれば成功できると思っているので、手帳をもち歩く。そして毎週同じようなスケジュールをこなすのに、アップアップするのだ。

自由人は、クリエイティブなアイデアが成功を約束してくれると知っているので、アイデア帳をもっている。**自由人の人生は、エキサイティングだ。**思わぬ展開で、次々ドラマが起こる。その新しいチャンスやプロジェクトを心から楽しむ時間とお金に恵まれている。自分の興味のおもむくまま、人生の楽しいイベントをこなしていくのだよ」

「ここまで、聞いてきて、どちらかというと自由人の人生のほうがいいと感じるんですけれど、どうすれば自由人になれるんでしょう？」

「素晴らしい‼　君はいい質問をするね！　よくそれを聞いてくれた。たいていの人間は、質問の前に『どうせ自分はできない』と考えて、自分で自分を門前払いしてしまう。質問すること自体に恐怖を感じるので、聞くことすらやめてしまう。『どうしたら自由人になれるのか？』は最高の質問だ！　実に素晴らしい。今後も、そのような大切な質問をする勇気をもってほしい」

「そうですか？」

誉められるのがくすぐったかった。うまくおだてられて、有頂天になった。彼のような人を乗せる天才にかかれば、僕のような人間をその気にさせるのは簡単なことなのだろう。

第2の秘訣

自分を知り、大好きなことをやる

「第2の秘訣は、『**自分を知る**』ということだ。多くの若者は、自分が誰かをわからないまま、自分以外の何者かになろうとして、混乱したまま人生を生きている。本当は、デザインの才能があるのに、頭が良かったばかりに、法律の学校に行ったりしてしまう。その結果、だんだん人生に退屈して、魂の抜けたような人間になってしまうのだ。

自分を知り、好きなことを追いかけていたら、そうならなかっただろうにね。**夢を追いかけるのを忘れて、安定した人生を選んだ人間は、言ってみれば『退屈な人生を生きる終身刑』を自らに課しているのに等しい。**最初に、自分を知るという少し遠回りに見える作業を怠ったツケは思ったより大きいものだよ。なぜなら、自分が誰かわからなければ、どれだけ社会的に成功しても、幸せにはなれないからだ」

「言っていることはよくわかります。日本ではまさしくそうだからです。仕事を探すとき、いい仕事は、大学を卒業してすぐじゃないと、見つからないんです。ですから、友人たちは、自分の適性を考えることもせず、どこが人生に有利かで仕事を選んでいる感じです。でも、その結果が、退屈な人生の終身刑だなんて、なんか怖くなってきました」

「本当にそうだね。しかし、それが人生の現実だ。目をそむけるわけにはいかない」

「幸せに成功したければ、どうすればいいんですか？」

「いい質問をするようになってきたね。では、そのあたりのことを説明しよう」

幸せに成功するために、大好きなことをやる

「幸せに成功したければ、自分が大好きなことを仕事にしなさい」

「そんな簡単に言ってしまって、いいんですか？　好きなことをやってもお金にならない感じもしますが……」

「それは、退屈な人生を送っている連中が考えることだ。心から大好きなことを熱中してやれば、

たいていの場合、気がついたら成功しているものだ。

幸せな金持ちになるための秘訣は、自分の大好きなことを仕事にすることだ。全身全霊でそれをやることができるほど、大好きなことだよ。自分の大好きなことをやれば、成功する確率は非常に高くなる。君が洋服を買いに行くとき、洋服をつくるのが大好きでたまらないといった感じで仕事をしている人の店か、イヤイヤやっている人の店かどちらを選ぶ?」

「もちろん、大好きな人の店でしょうね」

「答えは明らかだろう。人はエネルギッシュに生きている人物に魅了され、心から応援したいと思うものだ。だから、人生で成功して金持ちになりたければ、まず、自分が魂を打ち込める何かを見つけること。それに最大限のエネルギーをそそぐべきだ。残念ながら多くの人間は、この作業をやらない。そして、自分が不幸で貧乏なのは、社会、両親、教育システムが悪いからだと他人のせいにしてしまう」

「あのう、僕は他人のせいにするつもりはぜんぜんないんですが、自分の好きな分野が今ひとつ見つからないんです。そういう人は、どうやって好きなことを見つければいいんですか?」と僕は恐る恐る聞いた。

「ハハハ! それは、エリート君の発言だな!」と彼は笑い転げた。

「いや、ごめん、ごめん。馬鹿にするつもりはなかったんだ。ついついみんな同じことを聞くんでね。いままで、君と同じ質問をする奴は、みんな頭でっかちの連中だったな。彼らは得意なことばかりやってきたようだった。親や社会が望むことを小さい頃からやってきたために、自分が好きなことを見つけられないまま、人生を生きてきたのだろう。でも、心配しなくていいよ。**時間をかけて、人生のリハビリさえやれば、好きなことは、きっと見つかる**」

「人生のリハビリですか？」

「そうだよ。君は、自分の好きなことをやらずに、これまで、周りの望むことばかり考えて生きてきたはずだ。学校でやる勉強なんかその最たるものだよ。勉強してどうなるなんて考えずに、頑張っていい成績を取ってきたタイプだろう？　私は、学校のほとんどが何の役にも立たないと思っている。何の意味もないことをやる苦痛に耐えるいい訓練になるのは間違いない。それは、社会人になったら役に立つからね。

周りの望むことを上手にこなす人生を生きてきたなら、自分が何者かわからなくなるのも当然だ。好きなことをやって生きるなんて見当もつかないだろう。言ってみれば、自分と他人との境界線がないんだな。それは、一種の病気だ。だから、リハビリが必要だと言ったんだよ。なにも、あまり深刻に考えなくてもいい。処方箋は、**自分の好きなことを日常的に少しずつやることだ。小さい頃から自分が好きだったことを思い出して、それをやってみることだ。**思わぬところから、自分の人生のヒントを見つけるだろう」

「そんなことできるんでしょうか？」

「あんまり難しく考えなければね。君は、何か好きなことを思いつくかい？」

「そうですね、話すことや本を読むこと、ものを書くことです。まとめたり、分析したり、プレゼンテーションしたりするのも好きです」

「君が成功するヒントは、そこにあるだろう」

当時は、ゲラー氏の意図していることがさっぱりわかっていなかった。

得意なことと好きなことの違い

「普通、人は『得意なこと』と『大好きなこと』を混同してしまう。アメリカの成功者の多くは、得意なことをやる『ワクワク病』にかかっている。それは、アドレナリンが湧き出るようなワクワクした高揚感で、パッと見では、大好きなことをやっているように見える。そこに隠された動機は、『大物に見られたい』とか『人生を生きる躍動感を感じたい』というものだ。その人がやっていることは、『自分が好きなこと』ではなく、『自分が得意なこと』だ。

自分が特別になって、周りに認められることをやろうとすると、不幸への特急切符をもらったようなものだ。社会的には成功者に見える連中が突然自殺をするのもこのためだ。彼らは、小さい頃から、周りを助けたり、両親を喜ばせるために自分のイヤなことでも自分に鞭打ってやってきた。でも、それで社会的に認められても、ぜんぜん喜べない自分に気づく。『こんなに成功したんだから、喜ぶべきだ、感謝すべきだ』と思えば思うほど、このギャップに苦しんでしまう。自分の魂がやりたいこととは違うことをやっているのだから、当たり前だがね」

「ワクワクして興奮しているうちは、まだ本物ではないということですか？」

「『自分が好きなこと』は、もっと静かで、落ち着いたものなのだよ。周りの人間が評価してくれなくても、それをやるだけで楽しくてしょうがない、時間を忘れてしまう、そんなことだ。賞賛がなくても、お金をもらえなくても、やっているだけで楽しくなってしまうこと、それが、『好きなこと』だよ」

「なるほど。そんなこと考えてもみませんでした。好きなことなんて子どもの戯言《ざれごと》かと思っていましたよ。でも、考えてみれば、好きなことで生活できれば最高ですね」

「私も本当にそう思うよ。残念ながら、多くの人が、給料がいいとか、安定しているとか、休暇が多いという理由で仕事を選んでしまっている。しかし、その仕事の選択のやり方が、実は自分の人生を悲惨な状態にしていることに気がついていないのだね。イヤな仕事をすることは、進んで自分から牢屋に入るのと同じことだよ。そこに鍵がかかっているかいないかしか違いはない。

その牢屋は塀の中ではなく、多少は部屋も広いだろうけれどね。

でも、自分の嫌いなことを仕事にすると決めた瞬間、本質的には自分に懲役刑を下しているのだ。月曜日から金曜日まで、人生のほとんどをそれに費やすのだからね。いや、囚人のほうが楽かもしれない。刑務所のほうが労働時間は少なく、厳しいノルマもない。納期もないので、夜中までの残業はしなくていいしね。

嫌いなことをやって仕事をしている人は、憂さ晴らしのためにお金をくだらないものに使う。給料を慰謝料と勘違いするから、そんな使い方をしてしまうのだ。ローンで車や家や家具、洋服なんかを何も考えずに買ってしまう。

囚人は給料こそないものの、借金もできないし、お金も使えないので、出所するときにはほんの少しとはいえ貯えができているかもしれない。一方、イヤな仕事をやっている人は、どれだけ資産が増えただろう。下手すると、借金をしていない分、囚人のほうが経済的には恵まれているかもしれないな。マイナスにはなっていないのだからね。

日本のサラリーマンよりは、アメリカの囚人のほうがいい生活しているかもしれないな。満員電車で通勤しなくていいし、睡眠時間もたっぷりある。おまけに、昼ご飯もゆっくり食べていい。残業もない。寝る部屋に鍵がかかっているのさえ気にしなければね、結構いい生活だな。ハハハハ」とゲラー氏は笑いながら、言い放った。

ゲラー氏は日本のことを新聞などで読んでいるので、よく知っている。さすがに日本人を馬鹿にされたと思った僕は、一瞬ムッとなって抗議すべきだと思った。でも、反論する根拠が見つけられなくて、逆に悲しくなって、しょんぼりしてしまった。

「好きなこと」のもつパワー

「好きなことをしていると、どんどんパワーが湧いてくる。また、いろんな不思議な出会いを体験し、チャンスが次々とやってくる。いわゆる『ついている』状態になる。その流れに乗っているだけで、人生が導かれているように感じるはずだ。波に乗ると、人生がどんどん展開していく。そうすると、自信も湧き、勇気も出てくる。多少のリスクならやってみようじゃないかという気分になってくる。これが、またいい循環を呼ぶんだよ。

逆に、嫌いなことをやっていると、どんどんパワーが落ちてくる。人間的な魅力も薄れていき、自分がイヤになる。周りにもつらくあたったり、無理な犠牲を要求したりする。君のためにも、周りのためにもよくないことばかりだ。親が不幸だと子どもが不幸になりやすいのに似ている。**子どもにしてやれる最大の贈り物は、自分が好きなことをやって生活する姿を見せることだよ。**

自分の才能を自由に社会と分かち合い、豊かな人生を生きる姿は子どもにとっての最高のプレゼントになるだろう」

また、別の機会に僕が平和の活動をしていることに関して、こんなことをゲラー氏は言ってくれた。

「君は、アメリカを一年かけて平和について講演してきたのだろう。本当に世界平和に貢献したいなら、自分の好きなことをして人生を生きることがいちばんだよ。なぜなら、自分の好きなことをやっている人は、他人をうらやんだり、批判したりしない。そんなひまがあったら、もっと好きなことをやりたいからね。この社会の人間がみんな好きなことをやっていたとしたら、どれだけ平和になるだろう。

私は、常々一個人が世界に貢献できることは、ただひとつ。**その人が生まれてきた使命に気づき、それを生きること**だけだと思う。それには『自分の好きなことをやる』ただそれだけでいいと思う。好きなことをやっていれば、その人は幸せになる。幸せな人は周りを幸せにするパワーをもつ。表面上は単なる普通のパン屋にすぎない男も、魂をこめて焼くパンで多くの人を幸せにできる。彼の笑顔とパンは人を幸せにし、いい気分にさせる。平和のデモをやって道端にゴミを撒き散らす連中より、よっぽど平和に貢献していると私は思うね。好きなことをしていると、必ず道は開ける。時間差はあるだろうけれど、お金もやってくるはずだ。もし、万が一お金がやってなくても、好きなことをやって幸せなんだから、それで十分だろう。

感性豊かな人は、この話を直観的に理解することができる。でも、自分の好きなことを小学校以来やっていない君のような人間には、さっぱりわからないらしい。そこで、頭でっかちの人にはこのような図で説明するようにしているのだ」と言って、ナプキンに書き出した。

	お金がたくさん入る	お金にならない
好きなことをやる人生	◎	○
嫌いなことをやる人生	△	××

好きなことをやってお金になる――これは最高の人生

好きなことをやってお金がない――好きなことをやれているので結構幸せ

嫌いなことをやってお金がある――お金があるけど嫌いなことをやっているので、少し不幸
（人により、まあまあと思う人もいるので△）

嫌いなことをやってお金がない――これは最低の人生

「この図の中で、嫌いなことをやってお金がない人生を選ぶ人なんているんでしょうか?」

「それは実に素晴らしい質問だね。おもしろいのは、現実的には、ほとんどの人が、好きでもないことをほんの少しの給料でやって、カツカツの生活をしているのが実状だ。それでも嫌いな仕事を辞めるのは難しい。いろんな人の転職相談にのってきたので、その辺の心理状態はよくわかっているつもりだよ。人生を変化させること自体が非常に困難なのだ」

「どうしてそうなんでしょう?」

「それはね、人間が習慣の動物だからだよ。一度、嫌いなことをやって生活するパターンが身につくと、そちらのほうが慣れ親しんだ感じがするのだ」

「好きなこと探しの旅」に出るときに気をつけること

「君に気をつけてもらいたいことがある。アメリカでは、『青い鳥を求めて旅する』と言うんだが、自分の人生を探す旅を永遠に続ける人たちがいる。『いまやっていることは、自分の人生の目的とは違う。だから旅に出るんだ!!』と言って人生の目的を探し始める。

それ自体は素晴らしいのだが、なかには旅からなかなか帰ってこないのがいるのだよ。ヨーロッパやインド、チベットに本当の自分がいるわけではない。自分の好きなことを探して、それをやるためには、心のあり方を変える必要があるのだよ。自由な心を取り戻すことなしに、好きなことが感じとれるはずがない」

「自由な心ですか？」

「そう、自由な心の力を使わずして、人生の目的にはたどりつけないのだよ。

それには、自分が何をやりたいのかを知ることと、いまやっていることを愛することの二つが必要だ。この二つのバランスがないと、ライフワークにたどりつけない。好きなことをやっている人でも、朝から晩まで一〇〇％楽しんで、喜びだけでやっているわけではない。好きなことの中にはイヤなこともあるだろう。それも含めてやっていることを心から愛することができるかどうかだ。

それは、恋愛関係に似ている。いくら大好きだったといっても、面倒くさかったり、嫌いな部分はあるのが普通だ。それも含めて愛せるかどうかが、鍵なんだよ」

「おっしゃることはよくわかります。でも、具体的にはどうすればいいんですか？」

「**大好きなことに巡り合う一番の方法は、いまやっていることが何であれ、それを愛することだ。**目の前にあることを愛し、それに全力投球できれば、あとは、導かれるように次々におもしろい出会いやチャンスに出くわす。

鉄鋼王カーネギーは、どんな職務を与えられても、それに全力を尽くした。それが郵便配達でも、電信技師でも、全力でぶつかっていった。目の前にあることを愛したのだ。彼の偉いところは、それに安住していたわけではないことだ。自分の興味のありそうな仕事へ転職していき、最後には天職の鉄鋼という分野で、鉄鋼王と言われるほどにまでなった。

彼が、郵便配達は自分のやることではないと言って、いい加減にやっていたら、次のチャンスを引き寄せることはなかっただろう。『好きなこと』探しの旅を続ける連中には、このことがわかってない人間が多い。いま目の前にある状況から逃避してばかりでは、せっかくのチャンスも目の前を通り過ぎていってしまうのだ。

ライフワークとは、人生の質を表現する方法だ。君が生まれもっている人間としての喜びと愛を、どんな仕事を通じて表現したいかだ。それは、歌を歌うことかもしれないし、ビジネスかもしれないし、病人の看護かもしれないし、教えることかもしれないし、料理をつくることかもしれない。どんな職業を選んでも、すべては、君の仕事と他人への愛の表現だということに気づいてもらいたい。『人生探しの永遠の旅人』が理解していないのはこのことだ。

彼らは、完璧な仕事に出会ったら、その愛が出てくると思っている。しかし、現実は逆なんだよ。自分と向き合い、才能を開発して、自分のすべてを分かち合おうと努力する人に、心の平安と、富、友情、人生の充実感がもたらされるのだ。心から与えようと思った人間は、与えられるようにできているのだよ」

僕は、感動でしばらく身動きができなかった。

そんな余韻を味わうように、ゲラー氏は続けた。

「人生に迷ったとき、自分が何をすれば楽しいのか、胸に手を当てて聞きなさい。そして、**自分のハートの声を、人生の羅針盤にする**のだ。自分の中にあるドキドキ、ワクワクを感じなさい。何も聞こえないとしたら、それは君が忙しくしすぎているせいだ。君の心が日常の雑事で一杯になり、静かな声がかき消されている。そういうときは、心を静かにして、ハートの声に耳を傾けるときだ。ハートの声が、**君の人生を導き、目の前の道を切り開いてくれるだろう**」

第3の秘訣

ものや人を見る目を養い、直観力を高める

天気のいいある午後、ゲラー氏はクルーザーで海に行こうと言いだした。僕はうれしくってフロリダに来られたことを神に感謝した。

運河を出て、外海に出たら、またレッスンが始まった。

この頃までには、彼からの教えはＭＢＡ（経営大学院）の授業よりもはるかに価値があると思っていた。

デッキの椅子にゆったりと腰かけたゲラー氏が、静かに語りだした。

僕は心地よい風を頬に受けながら、彼からの言葉を絶対聞き漏らすまいと全身を耳にした。

舵取りが悪ければ、豪華客船でも沈む

「君には潮の流れが見えるかい？　海に出ていく人間が最も気をつけるのが、潮の流れと風の流れだ。人生もこれと同じだよ。流れに意識を向けなければ、下手をすると、命を落とすことにもなりかねない。たまたまこのボートはエンジンがついているからいいが、ヨットなんかだと、潮と風の流れの読み間違いは致命的だ。多くの人は、そんな流れがあることすら気づかない。

そして、どの船に乗るかしか考えないのだ。大きければいいと考える連中がいる。でも、いくら船室や施設が良くても、船長の舵取りが悪ければ、タイタニックのような豪華客船でも沈むのだ。

私は、手こぎボートからはじめて、自分で船を大きくしてきた。潮の流れを読み、風を読み、自分の行きたいところへ行く人生を実現できた。それは、何よりも、大きな潮の流れを読む力があったからなんだよ。**成功するのに必要なのは、流れを読む力だ。物事の奥深くを見通す力だよ。**

社会の流れがどうなるのか、お金の流れがどこへ行こうとしているのかを予測することだ。財を成す連中は、それに全神経を使う。

私のように、戦争で運命を翻弄された者は特にそうだ。国の方向性が悪ければ、その国から脱出する覚悟もいるんだ。君には想像できないだろうけれど。自分の生まれた文化を愛することは素晴らしい。でも、いまいる場所をいつ離れてもいいような心のフットワークの軽さはいつももっていなさい」

「どのような流れを見ればいいのですか？」

「これから社会がどうなっていくのかを見なさい。いま、アメリカは不景気と言われているが間違いなくこれから景気はよくなるだろう。君の国は、いまがピーク（当時、日本はバブルの真っ只中だった）でしばらくはダメだろうね。このあいだ、土地の値段がハンカチの大きさでいくらだってテレビでやっていたけれど、それだけでわかる。日本のことは詳しく知らないけれど、それがすべてを語る。そんなむちゃくちゃなことは長続きしない。

景気というのは、循環を繰り返すものだ。君の話では、日本はアメリカに勝ったと浮かれているようだけれど、笑ってしまうね。傲慢になったほうが負けだ。アメリカもついこのあいだまで傲慢だった。一九六〇年代は、アメリカが世界の王者だと勘違いした時代だ。そしてアジアの小国にまで攻め入り、自分のパワーを世界に誇示しようとした。結果どうなったかは知っているだろう。傲慢になったとき、すでに墜落は始まっているのだ。いまの日本がそんな感じだね。そのうち必ず、アメリカが巻き返して逆転するだろう。

そのときに君はこの話を思い出しなさい。そして、また一〇年か二〇年たって、アメリカが再び傲慢になったとき、シーソーゲームの交代の時期がまたくるということを覚えておきなさい。

お金の潮の流れを読むのに、高等な経済学はいらない。

常識と自分の直観を頼りなさい。細かい流れに意識を奪われてはいけない。少なくとも五年、一〇年の流れで、ものを見なさい」

運や人生の周期を見極める

「流れと同時に大切なのは、サイクルだよ。人生には上り調子と、下り調子がある。それは、会社でも、国でも、文化でもそうだ。上り調子のときは、何をやってもうまくいく。逆に、下り調子のときには、何をやってもはずしてしまうものだ。この人生の周期を読み違えるから、いい調子で成功しかけた連中が途中で脱落してしまう。

自分の人生がどちらに向かっているか、考えなさい。いまは、ブレーキを踏むときか、それとも、アクセルを踏むときなのか、それを見極めるのだ。人生には、ツキの流れがある。自分のツキがどんな状態かはっきり知ることが成功には欠かせない。自分のツキがないと感じるときには、思い切って何もせず、のんびり人生を楽しむことだ。

そして、運気が上昇してきて、追い風になったら、帆を大きく広げ、勝負に出るのだ。自分の運の状態を肌で感じることができれば、とんでもない大きな失敗をせずにすむ。とんでもない失敗というのは、運気の落ちているときに、失敗を挽回しようとして、勝負に出てしまうときに起きるものだ。そんなときは、嵐が去るまで家でじっとしておくことだね」

人の器、会社の器を見極める

「できるだけいろんな人とつき合いなさい。そして、会ったら五分でその人がどんな人物かを見極めなさい。それができなければ、いろんな痛い目にあうよ。まあ、若い頃は死なない程度に痛い目にあったほうが、自分のためにはなると思うけれどね。

出会う人の本質を見極められるようになったら、ようやくスタート地点に立てる。将来、君のチームをつくるにも、適性がわからなければ、どうしてそれができるだろう?」

「どうやって、いい人と悪い人を見極めるのですか?」と聞いてみた。

「簡単なことだ。しっかりとその人の目を見なさい。その奥に真実があるかどうかを確かめなさい。それだけでわかるはずだ。笑顔が不自然な奴も要注意だね。正直で楽しい人生を生きている人間は笑顔がさわやかだ。人間性を見るためには、その人が直接、利害関係のない他人をどう扱うかを見たらすぐわかる。

たとえば、レストランのウェイトレスや掃除のおばさんをその人がどう扱うかを観察してみれば、自ずと人間性が出てくるものだよ。人間が練れていれば、そういう人たちにも丁寧にお礼を言う。人間的に裏表のある人間は、君にはいい顔をしても、自分よりも目下の他人にはぞんざいなものの言い方をしたりするものだ」

「会社の良し悪しはどう見るのですか?」

「ビジネスプランを見るときには、その**ビジネスの本質が何かを見抜く**ようにしなさい。社長の顔がよくないのも気をつけたほうがいい。たいていそういう会社はうまくいかない。社長が、酒、女、ギャンブルのクセがないかはチェックするべきだろう。他人からの批判をしっかり受けとめられるかどうかも大切なポイントだ」

直観力を養う

「直観力をつけることは、とても大切だ。私は最終的な決断を直観に頼って下している。アメリカのエグゼクティブも、科学的に見えるかもしれないが、最終的には自分の直観で大切なことを決めている。そして、成功する人ほど、直観が研《と》ぎ澄《す》まされている。ビジネスに投資するにも、人とつき合うのにも、直観を信頼しなさい。**頭で考えてもダメなことがたくさんある。**大成功した連中に正規の教育を受けていない人が多いのもこのためだよ。大学教育を受けてしまうと、頭で考えるクセがついてしまう。人生やビジネスの実戦で大切なのは、どんなときでも生き抜く動物的勘だ」

「直観と、単なるカンとはどう違うんですか？　僕には、その区別がつきません」

「直観は、ゆるぎない感じだよ。カンは、移ろいやすい感覚のようなものなのだ」

「では、直観ってどのようにすれば上達するんですか？」

「それは訓練しかない。使うことによってしかつかない筋肉のようなものだね」

「なるほど」

そのとき、僕の身に何が起きようとしているのか、まだぜんぜん直観が働いていなかった。

第4の秘訣

思考と感情の力を知る

クルーザーのデッキでお茶を飲みながら、話は続いた。

「日常的に自分が考えていることを絶えずチェックしなさい」

とゲラー氏は語った。

「日常的に考えていることが人生をつくる。金持ちは日常的に豊かさ、新しいチャンス、楽しいイベントのことを考える。お金に縁のない人は、月末の支払い、イヤな上司、リストラ話など貧困につながるようなことばかりを考えている。どこに、ふだんの意識を集中させるかで、君の将来が決まるといえるだろう。

自分の思考がどれだけ大切か理解できれば、成功するまでの時間は早くなる。自分が将来やりたいこと、したいことにフォーカスしなさい。ある研究によると、普通の人は一日に数万個のことを考えるらしい。その思考の大部分が破壊的なことであれば、君の人生は同じように破壊的になる。

人生は、『考えること』と『行動すること』の二つでできている。いままで考えてきたことと、思考の結果行動してきたこととの集大成が君だ。健康に気を遣う人は、口に入れるものに注意する。食べるものが体をつくることをよく知っているからだ。だが、人生の健康を望む人間のほとんどが、頭に何を入れるのかにさっぱり注意しないのは、不思議でならないね。

素晴らしい人生を生きたければ、頭に幸せの元になるような考え方を入れることに気をつけなければいけないのだよ。頭に入ったものが、君の思考をつくり、思考が人生を形づくるのだからね。読む本のメッセージ、見るテレビ、つき合う人が話す内容に気をつけなさい」

「でも、考えていることが人生をつくるなんて、なんか信じられないんですけど」

「『**ふだん考えることが現実の人生をつくっている**』という事実は、多くの成功者も語っている。そして、実際に多くの人間がそれを使って成功したと言っている。証明できないとかよくわからないという理由で普通の人間はやろうとしない。君は、テレビのリモコンの3を押せば、どうして3チャンネルが映るのかその仕組みを知っているかね?」

「いえ、知りません」

「でも、日常的にリモコンは使っているだろう。その仕組みを知らないから、使えないなんていう馬鹿なことを言わないだろう。車のメカニズムもそうだ。エンジンの仕組みを知らなくても、キーをまわして、アクセルとブレーキとハンドルさえいじれば、運転はできる。そのようなものとして、私は、これを君に伝えたい。**『君の考えが人生で現実のものとなる』**ということは、真実だ。だから、それを使いなさい。その仕組みなど知る必要はない。自分のなりたい姿を想像したり、やりたいことを想像することだ。驚くように現実になるだろう」

「でも、考えても、そのとおりにならないことも多いんですが」

「そのとおりだ。でも、よく君の思考を調べていけば、実は、思いどおりにならなかった現実を望んでいたことがわかったりするのだ。たとえば、例をあげて聞いてみてごらん」

「そうですね。なかなかガールフレンドができないんですが、どうしてでしょう？　できても、なかなかいい関係をもてないんです。僕は、真剣につき合いたいと思っているんですけれど、理想の関係は実現していません。どうしてですか？」とゲラー氏に挑戦するように、たたみかけた。

「君ほどの青年なら、ガールフレンドができないはずがない。君は、『ガールフレンドと真剣につき合いたいけど、無理だ』と言っているのだね」

「はい、そうです」

「私は、**『人生の結果はその人の本来の意図を表す』**と考えている。君がガールフレンドといい関係をもてないのは、君がそう望んだと考えてみよう。君が言うように、表面意識では、彼女といい関係をもちたいと思っている。でも、本当の君は逆に考えているのだ。だから、現実は、本当の君が望んでいるようになっている」

「僕が、ガールフレンドは欲しくないと考えているということですね。そんなことはないです。いつも、理想のガールフレンドが欲しいと思っているんです!」

「じゃ、君がなぜガールフレンドと真剣な関係を望んでないか、言ってみようか?」

「は、はい」と少し動揺しながら僕は答えた。

「君は、まだ自分が若いと思っている。いろんな女の子とつき合いたい。そして、しばらくそんな楽しい遊びをしてから、理想の女性を探そうと考えているだろう。違うかな?」

「そ、そ、そうかもしれません。は、恥ずかしいですが、そのとおりです。よくわかりましたね」

「簡単なことだよ。他にも君が一人の女性と真剣につき合いたくない理由はたくさんあるよ。たとえば、一人に決めたら、相手の女性に対して責任を感じる。結婚をせまられてもいまは困るし、その女性が本当に生涯の伴侶かどうか判断できない。その人とつき合っていて、もっと素敵な女性が現れるかもしれない。一人に決めると遊べなくなるので、いますぐ特定の誰かに縛られるのはちょっとつまらない。それに……」

「も、もう結構です。参りました。降参します。僕はやはり、まだ真剣な関係を望んでないようです」と冷や汗をかきながら、彼の言うことをさえぎった。

これ以上、心を読まれてはたまらない。

「これで、わかったかい？　君は深いところでは、彼女なんか望んでないんだ。だから、君の思ったとおりに現実はやってきた。もし、願望を達成させたければ、自分の思いをチェックすることだ」

思考が人生を形づくり、感情が人生をコントロールしている

「思考が人生をつくっているのと同じように、感情は、普通の人の人生をコントロールしている。そう言うと、大げさに聞こえるだろう。しかし、実際のところそうなのだよ。たとえば、自分の好きでもない仕事に追われる生活をしている人がいたとしよう。なぜこの人は、奴隷でもないのに、朝から晩まで嫌いなことをやっているんだと思う？」

「そうですね。会社を辞めるのが怖いからでしょうか？」

「そのとおり。**たいていの人は、人生で変化を起こすのが怖い**ものだ。だから、できるだけ、現

状の生活にしがみつく。それが、自分の幸せにつながらないとわかっていてもね。それは、恐れを感じたくないからだよ。つまり、恐れに自分の人生をコントロールされているのだ」

「本当にそうですね」

「ほかの感情も人生をコントロールしている。怒り、悲しみ、鬱々とした感情、すべては人生を台無しにしてしまう。いわば、こういった感情に人生をのっとられているといってもいいだろう」

「最初は大げさだと思いましたが、そのとおりだっていう感じがしてきました」

「感情に人生をコントロールされないためには、その力を知ることが最初のステップだ。感情に支配されていると知るだけで、半分はその影響から逃れることができる」

内面で起きている自分自身との会話を紙に書くこと

「ふだん考えていること、感じていることは、紙に書いたほうがいい。紙に書くことで、しっかり焦点が定まるからね。多くの成功者は、みんな自分の思いや考え、感情やビジョンを紙に書いている。それはとても理にかなっているのだ。自分の思いを紙に書いていなければ、何を考えているのか、感じているのか、はっきり認識できない。自分の本当に欲しいものを知るためにも、いろんな考えを紙に書きなさい。感じていることも、紙に書くことで整理されてくる。

できれば、最初のうちは朝から晩まで考えたことをすべて書いてみることだ。そうすることで、いままで見えない部分が見えてくる。そこで、果たしてこの考え方は、自分の人生の役に立っているかどうかを検証すればいい。自分の思考をコントロールできるようになると、初めて、君は自分の人生の主人になることができる」

そのために何が必要なのか、ゲラー氏は言葉をつづけた。

「男女関係でも、ビジネスでも、成功したければ、コミュニケーション能力を高めなさい。あまり知られていないが、**コミュニケーションには二種類ある。自分の内面とのコミュニケーションと自分の外側とのコミュニケーションだ。**多くの人はこの二つがあることすら知らない。

だから、自分が何を感じて考えているのかわからないまま人生を生きる。自分のことがわからないのだから、外側ともしっかりとしたコミュニケーションが取れるはずはない。ほとんどが夢遊病者のように生活していると言えよう。朝になれば、あわてて着替えてオフィスに出かけ、仕事に追われて一日を過ごす。日中は目の前のプロジェクトに集中し、雑事に没頭する。

自分の人生という面では、まったく何も考えないまま一週間を過ごす。頭のいい連中ほどそうだよ。彼らはなぜそれをやるのか疑問をもたない。正当な教育を受けてない人間はなぜそれをやるのか素朴な疑問をもつのだ。また、自分には学がないと思うので、知識欲が旺盛だ。大学を出た連中は、なぜか学ぶのはもう終わったと思っているようだ。

ともかく、『**自分が何を感じているか、考えているのか**』に意識を集中させなさい。そして、自分が何をやるのが好きなのかを探しなさい。

高等教育を受けた人間ほど、何が有利か、得か損かしか考えない。すぐ計算してしまうので、自分の本当の欲求に気づかない」

フォーカスの力

「昔、テキサスをドライブしていたときのことだ。君も知っているように、あそこは、道路以外には何もない土地が延々と続くところだ。走っていると、道端にある標識に車がぶつかって、折れていたり、曲がっていたりするのが見えた。

ガソリンスタンドのカフェに警官がいたので、『このあたりの若者たちはとんでもないね。看板がいくつか壊されているのを見たよ』と言うと、警官はおもしろいことを言った。『あれはいたずらで壊されたんじゃないんですよ。大人がぶつかったんです。一人だけでなく、何人もがやっているんですよ。でも、私たちには、どう考えてもわからなかったんです。あの道路には標識以外に何もないんですけどね、どうして標識に当たるのか。最初は老人ホームの罰ゲームかなんかじゃないのかってうわさしてたんですがね。何もないんだから、簡単に避けられると思うんだけど』と言っていた。

私はおもしろいと思ったんだ。なぜなら、彼らが標識に当たってしまうわけがわかったからだ。何もない道路を走っていて、彼らは、標識に目がいった。疲れていると、意識がボーッとするだろう。そして、標識ばかり見ていたんで、ぶつかってしまったのだと思う。何もないのにどうして当たるんだろうではない。何もなかったから、目がいった標識に車ごと体当たりしてしまったんだ」

「なるほど、僕たちもその人たちと一緒ってことですね」

「飲み込みがいいじゃないか。ネガティブなことにフォーカスすると、そちらのほうに吸い寄せられるように行ってしまう」

「僕も小さい頃、自転車に乗っていて、同じようなことを経験しました。『壁に当たる！』と思った瞬間から、もう壁のほうに意識がいってしまって、本当に当たってしまったんです」

「そうだね。だから、できるだけ、自分が考えることには、意識を向けなければいけない。たとえば、素晴らしい女性とつき合っているとする。どうせ相手の人は、自分よりももっと素敵な男を見つけると思っていたら、現実にそうなってしまう。**自分の望む現実に意識をフォーカスすることだ。**人生でいいことが起こると思っている人間には、いいことが続けて起こるものだよ。自分の思考が何にフォーカスしているのか、常に意識しなさい」

話しているうちに、目的地である無人島に着いた。そこで、三人――ゲラー氏と僕、そしてバトラーのスティーブは上陸し、用意してきたランチボックスを広げた。目の前には、フロリダの真っ青な空が一面に広がり、見渡す限り海だ。そして、浜辺にはさわやかな風が吹いていた。いままでの人生の中でも最高の時間だった。ランチを食べ終わるとゲラー氏は、言った。

「しばらく散歩してきなさい。そして、今後どのような人生を生きたいのかを一人で見つめてみなさい。君の心の変化をこのノートに書いておくといい。私たちもしばらく、そのあたりで時間を過ごしているからね」

僕は、スティーブに手渡されたリュックを背に、一人で探検に出かけた。しばらく浜辺を行くと、急にいままで体験したことのない開放感を全身で味わった。周りの何百キロという空間には、誰もいないのだ。「僕は自由だ!! 何でも好きにしてやるぞ!!」と大声で叫んだ。僕は、この島の王様なんだ!! 生まれてから、こんなに最高の気分を味わったことはない。広がる海も、空も、僕を祝福してくれるように感じたのだった。

遠くの鳥の声を聞きながら、僕は、どういう人生を生きていきたいのか、真剣に考えた。その考えをノートに書き記していくと、止まらなくなった。次から次へとアイデアがあふれ出てくる。「そうか、これもできる、あれもできる！」と泉のように出てくる素晴らしいアイデアに僕は酔いしれた。そして、思った。

「僕は、なんて幸せなんだろう。世界中にいる二〇歳の人間の中で最高に幸せな男に違いない」と、ゲラー氏や神様、両親、**思いつく人すべてに感謝の気持ちが湧いた。**

たぶん、数時間はたっただろうか。平安と感謝に満たされた僕は、もとの入江に戻ってきた。そこには、さっきまでいたはずのクルーザーが消えていた。

人生を信頼する力をもつ

しばらくは、「あれ、僕と同じようにどこかに行ったのかな」と思っていた。しかし、夕方になり、あたりが暗くなってくると、だんだん不安になってきた。僕は、置いてけぼりにされたのだろうか？　そんなはずがない。

いや、でも、いままでの経緯を考えると、これも何かのレッスンに違いない。自分の中の不安を見つめる課題なのだろうか？　脱出できるかどうかを試そうとしているのかもしれない。

「クソッ、またあのジジイにやられた」と苦笑いしながら、僕は、島をもう少し探検してみることにした。すると、僕が来たのと反対側の浜辺の奥にテントが張ってあるのを見つけた。その前には、血だらけの子どもの白いシャツが落ちていた。暗くなってきたこともあり、不安と恐怖がいっぺんに襲ってきて、僕はパニックになった。この島には、何かいるのかもしれない。この子どもは、何かの猛獣に食べられたのかも……。

さかのぼること数日前、夕食の席で、「僕が好きな本は、ロビンソン・クルーソーです」なんて言ったのは、まずかった。それが、今回のクルーザーに乗せてもらう直接のきっかけだったんだ。そういえば、「ロビンソン・クルーソーが好きなら、物語に出てきそうな島があるんだよ。試してみたいかい？」とゲラー氏は言っていた。

いま思い返せば、「行ってみたいかい？」とは言わなかったな……。

僕は、全身から血の気がひいていくのを感じた。これは、どう考えてもまずいシチュエーションだ。日が沈む頃には、昼間の「僕は、この島の王様だ！」と叫んだときの最高の気持ちは完全にしぼんでいた。

昼間はあれほど感謝していたゲラー氏には、憎しみと怒りが湧いてきた。

いろいろ良いことを言っていたくせに、こんな目にあわせやがって!!　今度顔を見たら、絶対に殴ってやる！　そう考えると、ゲラー氏に対する怒りはエスカレートしてきた。しかし、しばらくするとそれも長く続かず、どっと疲れが出て座り込んでしまった。リュックを探ると、幸いなことにマッチや少しの食料が入っていた。これも少しずつ食べたほうがいいのだろうか？

ともかく、薪を集めて、火をたいた。静かに火を見ていると、いろんな感情が湧いてきた。久しぶりに感じた怒りが引き金になったのか、小さい頃の家族のドラマを思い出した。酔っぱらった父親に殴られたこと。母親が僕をかばい、姉と弟は、オロオロしている。ふだんは思い出したくない光景が、次から次に出てきた。最初は、怒り、そして、悲しみが怒濤《どとう》のように出てきた。どうして、あんなことになったのだろう？　家族に対する、憎しみ、愛《いと》おしさの混ざり合った感情が出てきた。

「ひょっとしたら、もう会えないのかな？」

日本にいたときは、一生会いたくないと憎んでいた父親にも、無性に会いたくなった。僕がひどいことを言ったのを謝りたかった。もし、チャンスがあれば……。友人の顔が一人ひとり浮かび、消えていった。僕の周りには、いろんな人がいたんだな。

気がついたら、あたりは明るくなっていた。浜辺に出ると、向こうから見慣れたクルーザーがくるではないか。デッキには、にこやかなゲラー氏が手を振っていた。

僕は、張りつめていた緊張感から解放されたためか、不覚にも泣き出してしまった。ゲラー氏が浜辺に降りてくると、僕は走っていって彼に抱きついた。何も言わずに彼は、受けとめてくれた。

落ち着くと、彼は僕にたずねた。

「昨日から、どんな思考と感情が君の頭の中にあったのかな？」

「いや、一言では言えません。最初は、感謝でいっぱいだったんです。それが、船がないのを見て、しばらく現実を受け入れられませんでした。また、戸惑いと不安、怒りが出てきました」

「だまされたと思っただろう？」

「は、はい。正直にいうと、顔を見たら殴ってやろうと思ったほどでした。たとえ、一晩だけとはいえ、置いてけぼりにするなんて、ひどいじゃないですか！」と昨日の怒りを見透かされたようで、少し恥ずかしさを感じながらも、抗議した。

「怒りが出たのはいいことだ。君は自分の中にある暴力を無視しているからね。それで、あとはどんなことを感じたのかな？」

「もう、いっぱいありすぎて、わからなくなりました。むちゃくちゃすぎますよ。事前に言ってくれればいいのに！　血だらけの子どものシャツも落ちているし、もう少しで死ぬかもしれなかったんですよ」と僕はまだ怒りが収まらなかった。

「あれかね？」と言って、ゲラー氏は笑い出した。

「あれは、このあいだ来た孫が鼻血を出したときのだね。でも、君がなぜ死ぬんだい？」

「そ、それは、ですね……」

僕は、猛獣がいて、子どもが食べられたかもしれないと考えていたなんて、恥ずかしくて言い出せなくなってしまった。

「君には、こういう感情や思考に慣れておいてもらいたかったのだよ。気づいたかもしれないが、君が感じた感情のすべては、多くの人が人生に対して感じていることなのだよ。あるとき、気がついたら、無人島のようなところにいるのに気づく。そして、どうやって生きていったらいいのかわからず、混乱してしまう。どうして、誰も教えてくれなかったんだと、次に自分の保護者であるべき、両親、会社、社会を責めたくなるものだ。

君には、こういう感情への対処の方法を知ってもらいたかったのだ。そうでないと、普通の連中と同じように、混乱したまま生きることになる」

「どうしたらいいんですか」

「まず、君には、**自分の感情や思考が人生のコントロールを奪うほど、パワフルだということを知っておいてもらいたい**。そして、それらに対処できるだけの人間になってもらいたいのだ」

「よくわかりました。日本語で『胆力を練る』と言うんですが、そういうことですね？」と、日本語の意味を説明した。

「そう、サムライのようなどっしりとした人間になるのだ」

「はい。自分の立つ位置がよくわかるようになってきました」

この頃までには、ゲラー氏の意図がのみこめてきた。「感情おそるべし！」だなと自分に言い聞かせた。

「君に覚えておいてもらいたいことは、人生を信頼することだ。一時的に見捨てられたように感じたときには、今日のことを思い出してほしい。必ず、助けは来るとね。**人生を信頼できる者にだけ、幸せは訪れるのだから。**まあ、とにかく、よくやったね。これでどうやら、精神的な基礎はできたようだ。明日からいよいよ次の段階に入ろう。成功するために必要なスキルを身につけるときが来たね。最初は、セールスについて教えてあげよう」

非常に荒っぽいレッスンを無事に終了し、思い出の島を後にした。帰りのクルーズは、とてもさわやかで、僕の前途を祝福してくれているようだった。だが、これで大変なレッスンは終わったと安心した僕は、少し甘かった。

第5の秘訣

セールスの達人になる

朝起きてリビングに行くと、床一面に数十箱の段ボールが置いてあった。何だろうと中をのぞいてみると、そこには何の変哲もない電球が入っていた。一箱に何十個も入っているのを見ると、一〇〇〇個は下らないだろう。いったい何に使うんだろうと思っていると、「おはよう」と言ってにこやかにゲラー氏がリビングに入ってきた。

「この電球はいったい何に使うんですか?」

「これはね、使うんじゃないんだよ。売るものなんだよ。君がね」

「はあ? 僕が売るんですか?」

「今日から君は〝電球屋さん〟になることになった」といたずらっぽい顔で彼は言った。

「え？　今日はセールスの話をしてくれるんじゃなかったでしたっけ？」とノートとペンを握りしめて僕は言った。

「私は、君にセールスについて教えてあげると言ったのだよ。テラスで話すのではなく、実地にやったほうがきっと学べるに違いないと思ったのでね」

予想外の展開に少しショックを受けたが、なんとか気を取り直した。

「それはどうも、ご親切に。でも、一緒に売りに出かけるんですよね？」と少し不安になって、ゲラー氏にたずねた。

「まさか！　君が一人で売るんだよ」

「え〜！　一人でどうやって売るんですか？　僕、セールスなんてしたことありません。第一、これをいくらで売ればいいんですか？」

「君の好きな金額で売ってかまわないよ。ただし原価は一ドルだから、あとで一〇〇〇ドルを君にもらうことになる。電球がちょうど一〇〇〇個あるからね。君なりのやり方でこの電球を三日以内に売ってきてもらいたい。全部売り切るまでは、この家に帰ってきてはいけない。これくらい自力でできないようじゃ、見込みがないからね。では、いまからスタートしなさい」とやや厳しい表情で言った。

僕は、「また一〇〇〇か！」と思いながら重い足取りで町に出た。気持ちを切り替えて、前向きに考えた。

「僕は、署名だって一〇〇〇人分あっという間に集めたんだ。今度は、目に見えるものを売るんだから、楽勝だ！　一〇個ずつ一〇〇人に売れば一日で終わるぜ！」と考えたが、すぐに現実の厳しさに打ちのめされることになった。

その「モノ」をいかに売るか

暑い中、段ボールを抱えて、一軒一軒ドアのベルを鳴らしながら売り歩いた。いや、売り歩こうとした、というのが正しい表現だろう。というのも、行くところ行くところで住人に怪訝《けげん》な顔をされ、犬に噛みつかれそうになったりした。「結構です」という冷たい拒絶の連続が、ボディブローのように効いてきた。結局、一日かかっても一つの電球も売ることはできなかった。

夕食代りのハンバーガーをかじりながら、公園のベンチで夕焼けを見た。車の座席いっぱいにある段ボールを見て、絶望的な気分になった。

「一〇〇〇個売るまで帰ってこなくていい」という言葉が、頭の中をグルグルまわり、「僕はもうあの家には帰れないかも……」という思いがのしかかった。しかし、ここであきらめてはせっかくのチャンスを台無しにしてしまう。この間の千羽鶴のような一発逆転のアイデアをひねりださねば……。

そして、思いついたのが、〝あなたの家の電球、無料で私が取り替えます〟というサービスをつけるというアイデアだ。**電球だけを売ろうとしても、なかなか買ってくれる人はいない。**しかし、「電球を取り替えるという面倒な作業をやってほしい」と考えている人たちは、老人の多いフロリダにはいるはずだと思いついたのだ。

車の中で夜を明かすと、さあ、勝負のときが来たと気合いを入れ直した。僕は車を老人ホームへ走らせ、警備の目をかいくぐると、段ボールをもってマンションのベルを押した。出てきたご婦人に、練りに練ったセールストークを語り始めた。

「僕は日本の学生ですが、ボランティアでいま電球を替えるサービスをしています。お宅の電球を無料で替えさせていただきますが、いかがですか？　代金は電球分だけでかまいませんから」

ドキドキしながら、彼女の反応を待った。

彼女はにっこり微笑んでくれた。

「実はテラスにある電球が高いところにあって替えられないの。よかったら替えていただけないかしら」

僕は、彼女の一言に泣きそうになってしまった。おばあさんに抱きついてキスの嵐を浴びせたくなる衝動をこらえ、僕のセールス人生の初仕事をすることになった。テラスに出ると、天井の高いところに、取り替えられないまま埃《ほこり》をかぶっている電球を見つけた。その電球を取り替えると、ついでにもっていたタオルで傘をきれいに拭いてあげた。

それを見ていたおばあさんはとても喜んで、僕にお茶を勧めてくれた。お茶を飲んでいると、彼女は世間話をしだした。僕は、この頃までに、人の話を聞く達人になっていた。というのも、英語が下手だったので、相づちだけはうまくなったのだ。アメリカ人は、ほとんどの人がしゃべり好きだ。つまり、**人口の割合では圧倒的に人の話を聞く人が少ない**わけだ。

そこに、いかにも「あなたの話をよく聞いていますよ」という顔をした東洋人の青年が来た。みんな喜んで話してくれる。そして、不思議なことに、僕は会う人みんなにとっても好かれた。それは、世の中には、自分のことを熱心に聞いてくれる人がいないせいで、僕の人格とはあまり関係ないようだったが……。

話を聞いてもらって満足した彼女は、お返しに何かしたくなったらしい。暇なせいもあるが、彼女は、「電球を一〇〇〇個売るプロジェクト」をぜひ手伝いたいと言ってくれた。

「こんな素晴らしいサービスないわ！　あなた、他にもきっと困っている人がこのマンションにいると思うの。いまから一緒に売りに行きましょう」

と言って、彼女は僕のにわかセールスアシスタントになった。このアシスタントはたいへん有能で、尻込みをする僕を無視して、次から次へとチャイムを押しまくり、代わりにセールスしてくれるのだった。僕が日本から来ている学生であること、取り替える必要のある電球があるかどうか、なくても一〇個くらいずつ買ってくれないかどうか、僕の代わりにバンバン売りさばきだした。暗くなる頃までには、そのマンション五〇世帯分の電球を、僕がもっていった新しい電球と取り替えたのだった。

驚いたのは僕のほうである。昨日の夜は一日かけても一個も売れずに途方に暮れていたのに、今朝にはこの親切な老婦人に出会い、あっという間に仕事の喜びを見出したのであった。いよいよお別れというとき、彼女は僕をぎゅっと抱きしめ、「本当にあなたは素晴らしいわ」と言って、涙を浮かべながら僕を送り出してくれた。

僕はゲラー氏の家に車を走らせながら、今日一日にあったことを振り返った。そして老人たちが心から感謝してくれた姿を思い返しながら、今日一日の奇跡を神様に感謝した。

深い喜びが得られる「売れる」サイクル

家に帰ると、ゲラー氏はにこやかに僕を迎え入れて、

「全部売れたんだろ？」と、いたずらっぽい顔で聞いてきた。

「どうしてわかったんですか」

「私が昔、セールスマネージャーをしていた話をしただろう？　商品が売れたかどうかは、優秀なマネージャーなら、セールスマンの顔を見たらすぐにわかるもんだよ。今日君はセールスについて大切なことをすべて学んだようだね。セールスは大変だと考えている人間は多いが、それは売れないセールスマンだけだ。


売れるセールスマンは実に楽しい人生を送っていることが君にもわかっただろう。**ものやサービスを売る過程で、人に心から感謝され、応援され、深い喜びを得る。そしてそれにも増して、ご褒美として経済的豊かさも手に入れていくようになる。**それが『売れるセールスマン』のサイクルなのだ」

「本当にそうです。これほど、楽しい体験はないですね。しかも、お金までもらえたんですから」

「よくやったね。君はどうやらセールスの本質をこの二日で学んだらしい。これで、君にも成功に必要なビジネスのスキルを教えることができる」と言って、彼は満足げに微笑んだ。

「ちょっと見せたいものがある」とゲラー氏は僕に手招きをした。寝室のクロゼットの奥から古ぼけたかばんを取り出してきた。ゲラー氏は、若い頃ダイヤモンドの歩合給のセールスマンからスタートしたらしい。そのときに使っていたのが、このアタッシュケースだそうだ。

彼は悠悠自適になっても、アタッシュケースに当時の見本を入れて、大切にもっていた。これは、どこに行くにももっていかないと落ち着かないらしい。昔の恋人と離れるような気がするのかもしれない。

「私にとっては、これは、単なる宝石以上の意味がある。この中には、経済的自立、成功、ロマン、夢が詰まっているんだ。

戦争が起きたり、火事になって全財産を失っても、このアタッシュケースが一つあれば、生活に困らないだろう。いまでも、若い連中とセールスの腕を競っても絶対負けない自信はあるよ。サムライにとって刀が魂のように、セールスマンにはこのアタッシュケースが魂とも言えるんだよ。これさえあれば、世界中どこに連れていかれても、数年で金持ちになる自信があるね」とアタッシュケースを愛しむように撫でた。

ずいぶん変わった喩《たと》えだなと思いつつも、彼のセールスに対するあふれる情熱を感じないわけにはいかなかった。そして、ユダヤ人の危機意識は、日本人のものとぜんぜん違うんだなと思った。

僕たち日本人の何人が、「いつ戦争になっても……」なんて感覚をもっているだろうか？　そのために自分に技術や知識をつけるというのは、辛い歴史的体験から学んだサバイバルの知恵なのだろう。悲しい歴史も感じたが、すごいなと感銘せざるを得なかった。

「ビジネスで成功するのに、いちばん大切なのはセールスだよ」とゲラー氏は語りだした。

「セールスなしに存続できるビジネスはない。でも、セールスは、残念ながら最もないがしろにされる分野でもあるのだ。私は、セールスマンという仕事が、最も素晴らしい仕事だと常々誇りに思っている。セールスなくしてビジネスの成功はあり得ないからだ。本当のプロのセールスマンになれば、何を売っても売れる。それが、ダイヤモンドであれ、保険であれ、車であれ、住宅であれ、関係ない。『ものを売る』行為自体は一緒だ。そして、セールスという仕事を極めれば、一生食いっぱぐれはないだろう」

いつになく情熱的に雄弁を振るう彼を見て、セールスへの愛を感じないわけにはいかなかった。

「ゲラーさんは、小さい頃から、積極的な子どもだったんですか？」

「いやいや、まったく逆だったね。子ども時代は人見知りがひどかったし、セールスを始めた頃も、まったく売れなくて困ったものだった。恥ずかしかったし、自分に自信もなかった。売れるとはとても思えなかったんだ。でも、あるとき、たまたま買ってくれた人がいた。

私は信じられず、本当に買うんですか？　と聞き返したほどだった。でも、それから自信ができたのか、徐々に売れるようになった。そして、そのうち、**セールスで上達するには、トップの人のやり方をまねる**ということだと気がついた。トップの人に頼み込んで、しばらくその人の現場を見せてもらった。彼のやり方を自分なりにアレンジして、やってみた。するとどうだろう。私は一気にトップに躍り出たんだよ。

それからは、うれしくって、あらゆる研究をして、技術を高めたもんだ。しばらくして、部下を雇い、私のセールスのテクニックを教え込んだ。このノウハウはあとで、独立したときに役立った。その頃に通用したテクニックはいまでも一〇〇％通用する。それは、人間の心理は一緒だからだ。日本人でも、アフリカ人でも共通する人間の心理だ。文化的な多少の誤差を飲み込めば、すぐに何でも売れるようになる」

行動心理学がわかれば売れる理由がわかる

「この社会は人間で構成されている。人間がどういう生き物かを理解するのは、社会がどう成り立っているのかを知るのと同じぐらい大切だ。**君が一番先に知るべきことは、どうすれば人は動くのか**だ。これは行動心理学と呼ばれる分野で、人はどうしてその行動を取るのかということを細かに分析したものだ」

「人はそんなに単純なんでしょうか？」と僕が聞くと、

「私も最初はそう思った。でも、セールスに関しては、単純なんだよ。一定の行動を取ることがよくわかっている。まるで、だまされてるんじゃないかと思うほど、よく売れるんだ。君も実際に何かを売って見るとよくわかるはずだ。

この行動心理を学ぶことで、君は二つのことができるようになる。**一つは、自分自身を動機づけること。もう一つは他人を動機づけること。**この二つができれば、君は人より一〇倍早く成功できるだろう」

成功者のリズムを手に入れる

「もう一つ、君が知るべき分野がある。それは購買心理学として体系づけられている。ビジネスで成功するには二つのことだけをやればいい。新しい客を見つけて、その客を逃がさないことだけだ。**最高のセールスとは、売った後も、その客が買い続けてくれることだ。**

私がダイヤを売った客は、みんな他の店から買うことをしなかった。そして、友人をたくさん紹介してくれた。そうやって客が増えつづけたら、貧乏でいるのが難しいだろう。あとは向こうから列をなして客がやってくる。

最高のセールスマンは一切セールスをしない。いったん、このサイクルができると、客が列をなして売ってくれと頼むんだから、楽なものだ。あとは、サンキューと言ってニコニコしていればいいんだよ。いちばん大変なのは、最初の核となる客をつくることだ。いったんこのシステムが稼動すると、君はなにもしなくてもいい。

ビジネスで成功するのは、君が思っているほどに難しくない。私に言わせれば、失敗するほうがよっぽど大変だよ。だって、永遠に新規顧客の開拓ばかりをやっていたら、私だってストレスで死んでしまうよ。一度、トップに一気に上がれば、あとは、それほどしんどくないんだ。要は、爆発的な瞬発力だ。**下りのエスカレーターを一気に駆け上がる情熱とパワーだ。**下りのエスカレーターと同じスピードで上っても、ぜんぜん上には進まない。

普通の人間は、成功者のようなペースで走って上がったら、とても体がもたないと思っている。でも、成功者は失敗者のように長時間上りつづけていない。下から見ても、上で実は成功者がゆっくり休んでいる姿は見えない。ここが成功と失敗の分岐点なのだ」

「なるほど。一度、成功のサイクルにのってしまえば、あとはスムーズだってことなんですね」

「そう、成功者のリズムで生きられるかどうかだけだね。

人がなぜものを買うのかについてはたくさんの研究結果がある。一九〇〇年頃から膨大な研究がなされてきた。それを学べば誰でもがトップセールスになれる。私も若い頃は、売りたいものは何でも売れたもんだ。それを部下に教え込んで、部下も売りまくった。セールスの達人になれば、君は億万長者になったも同然だ。あとは時間の問題だ。役に立たないMBAなんかを取りにいって無駄金を使うより、セールスを学びなさい。

セールスがわからなければ、どんな高等な経営理論もまったく無駄だと私は思うね。第一、私の周りの金持ち連中は、大学を出た奴のほうが少ない。でも、彼らが使っている弁護士や会計士はみんないろんな学位をもっている。君はどちらになりたいのかね。金持ちに使われる側に立ちたければ、MBAに行きなさい。金持ちになりたければ、セールスを学びなさい」

さすがセールスの達人。僕は何も言い返せなかった。

「セールスのコツは何ですか？」と聞いてみた。

「鍵は何回も繰り返すが、感情だ。感情のないトップセールスマンはいない。口下手でも話し上手でもどちらでもいいが、**感情のない人間が成功することは難しい。その人間の内にふつふつとした情熱の炎がないとダメだ。**それは、人は感情的に人に影響されやすいからなんだ。どんなことにも全力でぶつかりなさい。そうすれば、きっとそれを見ていてくれる人がいる」

ゲラー氏の「セールスの成功5原則」

1　絶対売ると決める

「ものを売るときは、売れるのが当たり前という感じをもつことがいちばん大切だ。この素晴らしい商品なら間違いなく飛ぶように売れるとイメージすることだ。

時間があれば、自分がセールスしているところを想像する。お客さんが喜んでくれるところをイメージし、現実のように感じられるまでそれをやりなさい」

2　信頼される人柄になる

「人は、ものを買うのは好きだが、押し売りされるのはイヤなもんだ。だから、ビジネスの話の前に君が相手に信頼されていなければならない。いちばん簡単なのは、ふだんから信頼されるような人生を送ることだね。ふだんの人生をごまかして急に信頼できるパーソナリティーなんかできるわけがない」

3　イメージを描けるように話し、感情に訴える

「これは、スピーチも一緒だけれど、イメージを描けるような話し方をすることだ。そして、君のその商品かサービスに対する熱い思いが相手に伝染するぐらい君も感情の塊になる必要がある。ただ、感情的になってはいけない。少し抑え気味の興奮状態ぐらいがちょうどいい。相手の人生が君の商品やサービスでどう変わるかを熱心に誠意をもって伝えなさい。そうすれば、相手にその熱意が伝わって、それを買おうという気分になる」

4　商品・サービスに完璧な知識をもつ

「そのためには、君が扱っている商品やサービスについて、完璧というほどに知っている必要がある。聞かれそうな質問をすべて考えて、すべて頭に叩き込むことだ。これができなければ、セールスという分野で成功することはできない。何か聞かれて戸惑うようでは、話にならないね」

5　クロージング（契約）のテクニックをもつ

「どれだけ説明がうまくても、この最後のクロージングができなければ、セールスのサイクルは完結しない。契約書にサインしてもらうまでは、終わりではない。いろんなテクニックがあるので、研究しなさい」

第6の秘訣
スピーチの天才になる

ある日曜日、僕たちは、知り合いの結婚式にでかけることになった。ユーモラスなスピーチ、退屈なスピーチ、早口で本人も何を言っているのかわからないスピーチが続いた。そして、ゲラー氏の番がやってきた。彼が立ち上がると、それだけで会場がしーんとなった。

会場が静かになったのを見届けて、彼は、ゆっくり話し始めた。最初の一言で、会場がドッと湧いた。そして、あとはみな引き込まれるように、話に聞き入った。あるエピソードが紹介され、会場の女性や涙もろい男性の涙を誘った。

かと思うと、会場を爆笑の渦に巻き込み、目の前の男性などは、目を真っ赤にして鼻水を出しながら笑いこけ、椅子から転げ落ちそうだった。

自分の感情を目の前にいる人たちと分かち合う

僕は、ゲラー氏が、こんなにすごいスピーチをするとは思わなかった。僕も何百回もスピーチをしてきたので、アメリカ人にスピーチを教えてくれと頼まれるぐらいうまくなっていたが、ぜんぜんレベルが違っていた。

結婚式の帰り道、車の中で僕は話しだした。

「いや、すごいですね。あんなにスピーチがお上手だとは思いませんでしたよ」

「成功者は、みんなスピーチがうまい。自分の考えを相手に伝える能力がずば抜けているのだ。自分が考えていることが伝わらなければ、成功はおぼつかない。**コミュニケーション能力を高めることが、成功への近道なんだよ。**エグゼクティブはスピーチの才能に磨きをかける。話は下手でもぜんぜん構わない。内容も整然としていなくてもいい。そんなことよりも、人の心を打つスピーチをすることのほうがはるかに重要だ。私も時間をかけて学んだんだよ」

「どんなスピーチが良いスピーチなんでしょうか？」

「素晴らしいスピーチは、その人間の全身からエネルギーがほとばしるものだ。感じるまま、自分の感情を目の前にいる人たちと分かち合うことができれば、最高のスピーチだと言えるだろう。大げさに言うと、君の魂の一部を分かち合うかのように話すのだ。『人生で話すのはこれが最後だ』という意気込みを静かに、そしてパワフルに話しなさい。素晴らしいスピーチは人の人生を変えるパワーをもつのだ」

「スピーチって聞くと、よどみなく話すのが理想のような感じがするのだけど、どうなんでしょう？」

「今日の結婚式のことを考えてみればいい。斜め前に座っていた男で、ぺらぺらしゃべっていたのがいただろう？　それから、後ろの白髪の老人の押し殺したようなとつとつとした話し方。どちらが感動的だったと思う？　なめらかに話せばいいというものではないのだよ」

「たしかにそうでしたね。白髪の老人が何を言っているか、僕はわかりませんでしたが、不思議に僕も感動しちゃいましたよ。隣のご婦人は泣いてましたしね」

「そのとおり。**コミュニケーションの鍵は感情だ。**自分でまず何を感じているのかを把握し、それを的確に伝える人が、いちばんのコミュニケーションの達人なのだ。

スピーチの天才になりなさい。どこに行っても、自分の考え方を一分ではっきり、さわやかに感情に訴えて話せるように準備しなさい。ビジネスとあまり関係ないようだが、実践的なビジネスのスキルという面では、いちばん大切だよ。君はスピーチの重要性をよく知っているようだから、上達は早いだろう」

「何に気をつければスピーチがうまくなるのでしょうか？」

「自分の考えをともかく紙に書きなさい。そして、自分が何を考えているか、感じているかを紙に吐きだしてしまうように。うまく書こうとか考えずに、アイデアが浮かんだらすぐにそれを書き留めなさい。すると、自分が何を考えているのかよくつかめるようになってくる。

自分が口を開くときには、真実のみを話しなさい。**いい加減なことを口走ってはいけない。本当にその気がないことを言わないことだ。**自分の真実を話さなければ、君の言葉のパワーはなくなってしまうからね」

日常的に話す言葉が運命をつくる

「私が、若い頃、いろんな成功者に会って、彼らの成功の秘訣を聞いてまわっていたとき、おもしろいことに気がついた。それは、彼らの会話に出てくるボキャブラリーは、私の周りの友人とは違うということだ。彼らが朝起きてから寝るまでに話すことを秘書がすべて書き留めたとしたら、それは、工場で働く連中とまったく違うものになるはずだ。それから、多くの成功者と話したが、彼らの話す言葉には特有のリズムがある。そのリズムをまねることで、成功者のリズムが体に入っていくのだよ」

「成功者と普通の人では、話す内容や会話のノリが違うということですね」

「そのとおり。**自分の話す言葉に注意しなさい。**ふだん君が話していることは、君の未来をつくる。君が人の悪口、否定的なこと、ゴシップ話をすれば、君の将来はそういったネガティブなもので満たされる。君が、希望、ビジョン、豊かさの話をすれば、君の人生は喜びと豊かさに満たされることになるだろう。

　朝から晩まで、自分が発する言葉を紙に書くといい。それは、人を励ましたり、相手の可能性を広げているだろうか。それとも、人の足を引っ張ったり、自分をおとしめたりしているだろうか。

　成功していく人は、ふだん話す言葉に、思いやり、ビジョン、愛、友情、感謝がいっぱい詰まっているものだ。君の将来は、現在の君の言葉がつくっている。ふだん話す何気ない言葉が、君の運命をつくっていることを忘れないように」

第7の秘訣

人脈を使いこなす

ある晩、地元の実業家とのパーティーにゲラー氏と出かけた。そこには、見るからに大物のような雰囲気の人、使いっ走り風の人、うさんくさい人など、いろんな人種がたむろしていた。

会場を見渡すと、小声でゲラー氏は話し始めた。

「このパーティーでは、人脈をつくる上で誰がキーパーソンだと思う？」

「キーパーソンって何ですか？」

「重要人物だよ。鍵になる人間という意味だ」

「それなら、あそこにいる恰幅《かっぷく》のいい紳士でしょうか？」

パーティー会場でも、ひときわ目立つ高級なスーツに身を包み、いかにも成功者という風情の男を指さして言った。彼を取り囲むように、たくさんの人がカクテルをもって順番待ちをしていたようだったからだ。

「一瞬そう見えるね。多くの人に囲まれているからね。でもこのパーティーでは、彼の隣のやせた男がキーパーソンなのだよ」

「え！　あの男がですか？」

成功者風の男の隣に、痩せた、うだつの上がらなさそうな男がいた。

人間は、同じような人間でグループをつくりたがる

「普通は、みんなあの成功者が中心人物だと思うだろう。たしかに成功している。しかし、君が知り合わなくてはいけない男は、隣の人物だ。よく見てみるがいい。彼は、いろんな連中を紹介しているだろう。彼が、全員を知っていて、つなげているんだよ。彼のような人間のことをコネクターと呼ぶのだ。彼と知り合いになっていると、このパーティーの連中全員に引き合わせてくれる。**あの成功している男と知り合っても、たいした得にはならないのだよ。**せいぜい自慢話を聞かされるのがおちだ」

たしかに、観察していると、痩せた彼は、パーティーの間中、いろんな人間を引き合わせていた。

「人脈のことを考えるときに、覚えておかなければならないのは、人は、同じような仲間でグループをつくりたがる傾向があることだ。自分と同じような仲間とつき合いたがるのだ。この会場を見渡してご覧なさい。いつのまにか、グループがいくつかできている。彼らは、お互いの発する臭いを微妙にかぎ分け、同じ連中が集まっているのだよ。よく見ると、だいたい同じような社会層、職業、収入レベルの人間が群れるのだ。

おもしろいのは、人脈にもレベルがあるということだね。メジャーリーグ、マイナーリーグ、アマチュアの層がはっきりしているのだよ。誰から紹介されるのかでも、ぜんぜん印象が違う。成功したければ、少し格上の人間とつき合いなさい。彼らから、はじき出されないように頑張っていれば、いずれふさわしい人間性ができてくる。そうなったら、たいしたものだよ」

いい人脈が成功に不可欠なわけ

「人よりも早く成功する人は、人間関係のもつ力を上手に利用している。チャンスやいい情報、

[　自分　]
↓
【　300人　の知り合い】
↓
【　300人×300人＝　90,000人　の知り合い】
↓
【90,000人×300人＝　27,000,000人　の知り合い】
⋮

お金は、たいてい人間を経由してやってくる。あいつは信頼できると周りから思われたら、もう君は成功の道を半分行ったのと同じことだ。

つき合う人の多くを味方にできれば、君の成功は何倍も早くなるだろう。普通の人間は、だいたい二〇〇人から三〇〇人ぐらいの知り合いがいる。親戚や友人、学校時代の友人、ビジネスの取引先などがそうだ。しかし、ほとんどの人は人づき合いをそれほど大切に考えていない。それは、いまから話すことを知らないからだ」

ゲラー氏が話すことはいつも、新鮮だった。そして、彼の時折ナプキンに書いてくれるチャートは、目から鱗《うろこ》が落ちるようなものばかりだった。彼は、とてもうまいとは言えないお得意の図を書き出した。

「君の周りの三〇〇人に同じく三〇〇人の知り

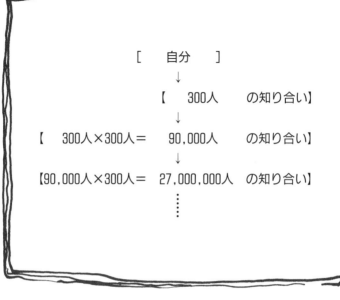

合いがいると思ってごらん。君は、間接的には九万人の人とつながっている。その九万人に三〇〇人がいるとしよう。何人になるか計算できるかね？」

「えっと、二七〇〇万人ですか？」

「そのとおり。想像してごらん。君の知り合いの知り合いは九万人いる。その知り合いになると二七〇〇万人もいるということなのだ。だから、最初の三〇〇人といい関係をもっていれば、少なくとも九万人の人間とつながっていることになる。

たとえば、君が優秀な歯医者だったとしよう。人は、いつも腕のいい歯医者をなんとなく探しているものだ。もし、君が最初の一〇〇人に満足できるサービスを与えられれば、三万人の潜在顧客を抱えることになる。その一〇〇人に誰かが『腕のいい歯医者さんいない？』と聞くと君の名前を思い出してくれるだろう。そうやって客に新しい客を連れてきてもらえば、君は一生お客とお金に困ることはないだろう。

これが、口コミのパワーだ。**つき合う人が君の応援団になってくれれば、あっという間に成功者の世界にもち上げてくれるのだよ**」

「なるほど、そんなこと考えてもみませんでした」

「私は若い頃、成功者に出会っていくうち、おもしろいことに気がついた。彼らは、とても人を大切にするのだ。私みたいな取るに足らない人間に親身になって相談にのってくれ、自分の人脈の中から最適な人を紹介してくれた。あとのフォローも丁寧で、まるで、自分が彼らにとっていちばん重要な取引先だったかのように感じたものだよ。

そこまでしてもらったのだから、将来必ず何らかの形で恩返しをしたいと強く思ったものだ。彼らはまったく見返りを期待していなかった。ただ若者を助けてあげたかっただけなんだ。それが、彼らの生き方なのだ。彼らがいちばん大切にしているのは、『**信頼される人間になる**』ということだと気づいた」

人と接するときの心構え

「人とつき合うことでいちばん大切なことは、君が接するすべての人に豊かさと幸せがもたらされることを願うことだ。誰か新しい人に会うとしよう。そうすると君は心の中でつぶやくのだ。『**この人と出会えて自分はなんて幸せなんだろう。この人のもとにたくさんの幸せとたくさんの豊かさが雪崩《なだれ》のようにやってきますように**』と、祈りながら人に微笑みかける。

そして、最後にその人と別れるときにも同じことを願う。これが人間関係のいちばん大切なことだ。こういう態度ですべての人に接することができれば、君は間違いなく誰からも愛される人になる」

「なるほど。ゲラーさんはいつもそうやって人と会っているのですか？」

「もちろん。自分とふれあった人のすべてが、幸せで豊かになるということは最高だとは思わないかい？　そういうふうな人間になれたということに心から感謝するのだ」

「感謝するって、神様にでも感謝するんでしょうか？　僕は特に特定の神様を信じていないのですが」

「感謝することさえできれば、どんな神様だってかまわない。要は、君が感謝するかどうかだけだからだ。本当にありがたい、素晴らしいと思うことが感謝であって、誰か特定の人にするものではない。もちろん、神様に感謝してもかまわない。要は、自分から何を発するかということだ。そして人と話をしたりビジネスをするときには、いつも相手の立場に立って同時に考えなさい。言ってみれば、君自身と相手と第三者の考え方を同時に感じながら事を進めるということだ。

　相手にとってメリットになること、自分にとってメリットになること、そして第三者にとってもメリットになることを考えながらすべての行動を決めなさい。それができるようになれば、何をやっても成功できる。そして君は『**この人とつき合うと成功する**』**というありがたい名誉も手に入れることができる**だろう。そうやって人生を生きるのだ」

たしかに、ゲラー氏の日常生活を見ても、彼は人をとても大切にしていた。お手伝いさんのマリア、バトラー兼運転手のスティーブを家族同然のように扱っていた。彼らも、父親になつくように、ゲラー氏と接していた。接するすべての人を魅了してしまう彼の人間性に、僕も敬服していた。単なる尊敬だけではなく、親近感、友情、愛情、畏敬、いろんなものが混ざっているように思えた。自分の祖父ぐらい年の離れた老人に、僕も肉親以上の愛を感じているのは間違いなかった。

絶対的な友情は、人生で最も大切な財産

「いい人脈をつくり上げることは、人生の幸せと成功に不可欠なものだ。君の人脈のリストにどれだけ多くの有力な人間がいるかで、君の成功が計れるほどだ。人脈とは、君が無理を言える友人という意味だ。

たとえば、君が夜中の一時に電話をかけて、無理を言える友人が何人いるかだ。年齢は関係ない。その人と深い関係があればあるほど、人脈としての価値は高い。心の通じ合った仲間がどれだけたくさんいるかで、君の成功のスピードは変わってくる。

いろんな種類の人たちと友人になりなさい。彼らは、君の人生を豊かで楽しいものにしてくれるだろう」

「どのように、人脈ってつくればいいのでしょうか？」

「君は十分やってきていると思うよ。たとえば、ボランティアの団体に属すのも一つの方法だ。そうすれば、ふだん会えないようなトップクラスの人と会えるだろう。その人たちと対等に、そして礼儀正しくつき合いなさい。そうすれば、君の成功は間違いない。

成功者は、コミュニティーや社会に還元しようという並々ならない情熱がある。そこに、ボランティア団体の一員としていることで、君は仲間だと認識してもらえる。彼らはただでさえ、若い人を助けるのが好きなのだ。そこへ、君が礼儀正しく登場する。そこでへりくだってセールスマンのようになってはいけない。あくまでも自分の尊厳を守ったつき合いをしなさい。そうすれば、相手によって態度を変えない君のあり方を見て、彼らは君がひとかどの人物と思い込む。

そこからは、君の腕次第だ。**偉い人には、あたかも彼が偉くないかのように接しなさい。そして、偉くない人には、あたかもその人が偉い人のように接しなさい**。そうすると、そのどちらからも君は驚きの目で見られるだろう。

彼らは、そんな扱いを受けたことがないからだ。そして、どちらもが君に感謝し、好意をもつだろう。偉い人は、本当は普通に接してもらいたいものなのだ。そして、偉くない人は、偉い人のように扱ってもらいたいものだから。

ネットワークづくりは、すぐの利益にはならないと思えるかもしれない。けれども、それは、満ち潮のようなもので、気がついたら、君はその人脈に押し上げられて一気に高みにいける。いろんな会合に顔を出しなさい。そして、自分よりもはるかにすぐれた人とつき合いなさい。そうすれば、君も自然とその人たちに近づけるだろう」

「人間関係がとっても大事だと私が何度も言っているのは、何もビジネスで成功するためだとは思っていないのだよ。

利害を超えた友情は、人生でいちばん大切なものの一つだ。すべてを投げ出しても、大切に思える友人がいたら、君は幸せだ。もし、君がそういう人間なら、同じことを考えてくれる友人がたくさん周りにいるだろう」

「わかりました。覚えておきます」

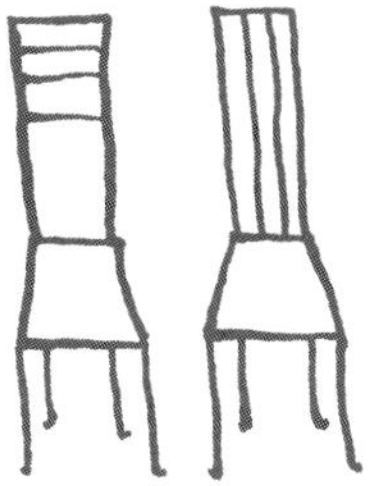

第8の秘訣

お金の法則を学ぶ

あるとき、ゲラー氏が銀行に用事があるというのでお供でついていった。銀行に着くと支店長が飛び出てきて、奥の応接室に通された。ゲラー氏は彼らが立ち去って僕と二人きりになると話し始めた。

「よく見ておくがいい。**銀行はお金とのつき合い方の関係が最も表れる場所だから**」

そう言って、窓の向こうに見える窓口カウンターに来ている人々を指さした。

「いちばん奥の男を見てみるがいい。彼はお金を借りにきたのだろう。一生懸命、窓口の人に『お願いします、お願いします』と言っている。彼はどうしてもお金が必要なようだね。

またその隣の女性を見てごらん。彼女は小切手が清算されなかったと言って、文句を言っている。毎月の管理が甘く、お金のストレスで相当やられているね。

その隣の男は週給でもらった小切手を預金しにきているようだ。

彼らのあり方を見ると、お金との関係がよくわかる。**お金とのつき合い方には二つしかない。**残念ながら現代の資本主義社会では、その中間というのは存在し得ない」

お金の主人になるか、奴隷になるかの二種類だ。

用事を済まして立ち去ろうとすると、支店長は、

「ご入り用でしたら、いくらでも、ご融資させていただきます」と言ってゲラー氏にすがってきた。

ゲラー氏は、

「十分なお金があるのに、どうしてお金を借りなくてはいけないのかね」

とにっこり笑うと、支店長は、

「そうですね」と愛想笑いを浮かべた。

帰る車の中でゲラー氏は言った。

「世の中、皮肉なもんだね。あの支店長は、融資窓口にいたさっきの男には絶対に貸せないと言っていたのに、私にはいくらでも貸したいと言うのだからね。もっとも、銀行はそういうところだ。晴れの時に傘を貸しに来て、雨が降ると傘を取り上げに来るのだからね」

僕はゲラー氏の言葉に耳を傾けながら、銀行でお金を通して垣間見た人生の一コマを思い出して感慨にふけっていた。

家に帰ると、テラスに行き、ゲラー氏は先ほどの講義の続きを始めた。

「お金には法則があるのだよ。残念ながら普通の人の多くは、その法則の存在すら信じようとしない。お金には厳然としたルールがある。それはテニスやバスケットボール、ベースボールにルールがあるのと同じなんだ。おもしろいのは、学校では一切お金のルールは教えない。理科、社会、算数のように、社会に出てもあまり役に立たないものには一二年もカリキュラムをつくって教え込むのに、お金に関しては一時間も割《さ》かないのは、なぜだろうね」

お金の感性を養う

ゲラー氏は僕の返事を待たず、講義を続けた。

「多くの人はお金を理性で考えようとする。しかし、実際の行動は感情ですべてを決めている。この違いがわからないため、多くの人間は金持ちになれない。お金の法則には、お金の知性的な側面と感性的な側面の二つがあるのだ。この二つをバランスよく高めていかなければ幸せな金持ちになることはできないのだ」

「お金の知性、お金の感性っていったい何なんですか?」

「**お金の知性とは、お金に関する知識**のことだ。それは稼ぎ方であったり、使い方であったり、投資の仕方であったり、守り方であったりする。**お金の感性とは、いかに健康的にお金とつき合うのか**、ということだ。この感情的な側面を学ばなければ、いつまでたってもお金の不安にさいなまれる人生になってしまう」

「大富豪になってもお金の不安がつきまとうのですか?」

「もちろん。というのも、お金はあればあるほど心配の種にもなり得るからだ。お金がなかった頃には存在し得なかった心配の種も金持ちになると出てきてしまうからね」と言って笑った。

お金の法則

「今日は、お金の法則について教えてあげよう」

ランチを食べた後、ゲラー氏は上機嫌で語りだした。お金はゲラー氏にとって大好きな話題なのだ。彼がお金のことを楽しそうに話すのを聞くだけで、お金も彼のことを好きになるだろうなと思うほどだ。僕はいよいよ来たぞ! と身構えた。

「どうして金持ちよりお金に縁のない人のほうが多いかわかるかね?」

「それは、金持ちになる才能をもっている人のほうが少ないからですか？」

「金持ちになるにはたくさんのことが必要だ。お金を稼ぐには、知性、勇気、行動力、細心、人間的魅力、運など、いろんなものがいる。でも、お金を使うのに、そのどれも必要ない。そして、**世の中には、お金を使わせる仕組みや罠がいっぱいある。**明らかに詐欺として君のお金を狙うものから、ＴＶコマーシャル、広告、デパートのディスプレイなど、お金を使わせる仕掛けが無数にある。女性で買い物好きな人は、その罠に、財布ごと自分から喜んで飛び込んでいくようなものだよ。

試しに、道を歩いている人に聞いてみればいい。『あなたは、一万ドル（一〇〇万円）使うのと稼ぐのと、どちらが簡単だと思いますか？』これで、稼ぐのが得意な人と使うのが得意な人の比率がわかるだろう」

お金から生まれる喜劇と悲劇

彼は、若い頃、自分のお金に対する観念を変えることによって、だんだんに金持ちになれたことを教えてくれた。

「普通、人はお金を欲しがる。けれども、同時に無意識では欲しくないとも思っている。このことがお金に関しての喜劇と悲劇を生んでいると私は思うのだ。それでは、アクセルを踏みながらブレーキを踏むようなものだ。お金が欲しいという部分はみんな意識することができると思う。君もそうだろう？」

「もちろんです。僕はブレーキをかけているとはとても考えられません」

「多くの人は、小さいときに、お金に関してネガティブな体験を多くしている。ほとんどが、小さい頃、両親やおじいちゃん、おばあちゃんがお金のことでけんかしたりするのを見たはずだ。育っていく過程でも、兄弟（姉妹）でけんかしたりしたはずだ。兄弟姉妹や仲良しの子どもがおもちゃを買ってもらっても、自分は買ってもらえなかったという体験は誰でもしているだろう。普通の両親はお金を素晴らしいものというより、面倒くさいもの、使ってはいけないものとして教育する。お金に対してプラスのことを言われた人のほうが少ないだろう」

「そうかもしれませんね」

「アメリカでは、『お金が木になるとでも思っているのか』っていうのが典型的なフレーズなんだけれどね。ほとんどの人が子ども時代に、無駄使いするなとか、そんなものにお金を使ってお前は馬鹿だとか言われてきたはずだ。また、お金が足りないとか、稼ぎが悪いとか、出費が増えるとかで家族がけんかする。夫婦の仲たがいの原因の大部分も、お金がらみだからね。

そんな家庭で育った子どもは、お金とはどんなものだと考えるようになると思う？　そのシーンを子どもが見ていたら、お金とは、愛する人をなじってもいいほど、強烈なパワーをもっているもの、けんかの原因としか見ないんじゃないだろうか。また同時に、**お金さえあれば、幸せになれるのにと考えてしまう。**そうして、子どもの頃から、お金に無意識のうちにいろんな意味をつけてしまうのだ。無駄にしてはいけないとか、その使い方を間違えると両親に怒られるというやっかいなものとか、使い方によって家族が大喧嘩する原因だと思う。

子ども同士でもお金に関して、恥ずかしい体験や悔しい体験をたくさんする。そして、平均的な人は、大人になるまでには、本来は単なる道具だったお金に、いろんな意味をつけてしまうのだ。そのほとんどがネガティブなものだけどね。

だから、多くの人は、お金を欲しがりながらも、お金のことを面倒くさがったり、怖がっている。自分では計り知れないパワーをもっていると思うからね。このパワーの本質を理解し、それをコントロールできるようにならないと、幸せな金持ちにはなれない。金だけを集める単なる成金にはなれてもね。このお金に対する感情的なからまりを解かなければ、お金のことを考えるのさえ面倒になるだろう」

お金にいいエネルギーを入れる

買い物に行ったとき、ゲラー氏の財布をのぞいたことがある。新しい一〇〇ドル札がぎっしり詰まっていた。アメリカはクレジット社会なので、キャッシュをもち歩くのはカードをもてない貧しい人ぐらいと聞いていた。どうしてキャッシュなのかと聞いたら、それがいちばん無駄使いしないですむからとのこと。お金を使っている実感が湧くからともいう。不思議に思って、「なぜ新札なのですか?」と聞いて見た。

「それはね、私が、お金にどういう意味をもたせるかに責任をもっているからだよ。ここにあるのは、アメリカ政府が発行した、新品のお札だ。この時点では、単なる紙と言っていいだろう。それが多くの人の手を渡っていくうちに、いろんな意味をつけられるようになってしまう。ほとんどは、欲とか、欠乏意識だとか、競争といったマイナスのものばかりだ。

私は、自分のところから出ていくお金を愛と感謝でスタートさせたい。**私は、お金を感謝と愛情の表現として使うようにしている。**それがまわりまわって、また私のところに帰ってくるわけだ」

「別にどんな気持ちで使っても、同じじゃないですか?」と言うと、

「そう思うなら、そう思ってもいいよ。私は試したことがあるんだ。実際に、ある月には、お金を使うたびに、クソッとか、このやろうとか考えて使ってみた。別の月には、感謝と愛をこめて、お金を使ってみた。するとどうだろう。気分だけでなく、実際の収入も、感謝と愛で使ったとき

のほうがはるかに良かったのだ。もちろん、私自身も、その一ヵ月間気分が良かった。

それ以来、できるだけ気持ちよくお金を使うようにしている。私が使うお金が愛と喜びで世界中を旅し、仲間をたくさん連れて帰ってくるのだよ。でも、想像してごらん。考えただけでも楽しいだろう。あまり、難しく考えることはない。要は楽しくお金を使うということだね」

お金の知恵を身につける

「いくらビジネスで成功しても、お金のＩＱを高めなければ、金持ちになることは難しい。稼ぐのがうまくても、お金のエキスパートにならなければ、大失敗をすることがあるからだ。ビジネスで成功しつづけると、その分リスクも増える。下手なことをするとたった一つの失敗で、何年分もの稼ぎを失ってしまうこともある。場合によっては、破産に追いやられてしまう。

また、お金の法則を学べば、ビジネスマンとしても有能になれるだろう。

お金には、原則がある。この大きな原則抜きにして、金持ちになるのは非常に難しい。

その5原則は、

1　たくさん稼ぐ
2　賢く使う（節約）
3　がっちり守る
4　投資する
5　分かち合う
の5つだ」

とまた紙ナプキンに書き出した。ちゃんとした紙に書いてほしいなと思いながら、ゲラー氏の走り書きを見た。

1　たくさん稼ぐ

「金持ちになるには、最初に稼がなくてはならない。この『稼ぐこと』ができなければ、あとの四つの知識がどれだけ増えても意味をなさない。その意味でも、これは大切なステップだ。この『稼ぐ』ができないようだと、金持ちになるには時間がかかる。けれども、金持ちになるのに巨額の収入を得なければならないわけではない。次の『賢く使う』法則をマスターすれば、この稼ぐということはさほど重要ではない」

2　賢く使う

「金持ちになることに関して、大きな誤解がある。たくさん稼げば、金持ちになれるだろうという誤った観念だ。でも、それが真実なら、なぜ年に数百万ドル（数億円）も稼ぐスターが、自己破産してしまうのかな？　多くの人にとって、それは不思議だろう」

「そうですね。まったく不思議です。そんなにたくさん稼いで破産するのなら、いくら稼いだら十分なんでしょう？」

「稼ぐ金額が大きければ大きいほど、金持ちになるのが早そうだが、必ずしもそういうわけではない。というのも、たくさん稼ぐと気が大きくなって、その収入に応じて使ってしまうからだ。そういう人は、金運には波があって、上昇と下降の潮の満ち引きがあるのを忘れて、収入ぎりぎりまでお金を使ってしまう。金銭感覚のない人間は、借金までつくったりしている。

せっかく年に何十万ドル（数千万円）を稼いでも、支出をコントロールできなければ、貧乏に逆戻りだ。いや、お金を使うクセだけはつくので、往々にして借金体質になる。ある程度の収入ができるまでは、支出は収入の三分の一くらいにするべきなんだ。収入が増えても、支出はそのままにしなければ、次のステップに行けない」と言った。

僕が家賃一万五千円のアパートを日本で借りていた話をすると、「VERY GOOD」と誉めてくれた。

「この賢く使う法則は、生き金を使うことも意味している。金持ちは、お金と何かを交換するとき、必ずその価値以上のものかどうかを見る。たとえば、金持ちは、ある絵画がいくら高くても、評価額より安ければそれを買う。逆にいくら五ドルでも、それに値しないと思えば絶対にお金を払わない。お金に縁のない人は、自分の見栄のために、五ドルくらいはいいやと思ってしまう。この毎日の差が何十年もすると大きくなる。一生の間に入ってくる収入を、絶えずそれよりも価値があるもの（株、不動産、絵画）などに変えていくと、それが値上がりすれば、それだけで莫大な金額になる。

一方、お金をゴミと交換しつづければ、人生が終わる頃に手元に何も残らないのは当たり前の話ではないかね。小学生でもわかることだ。だから、金持ちになっていく人間は、新車を買わない。新車はお金のＩＱの低い浪費家に買ってもらい、いちばん価値の下がるところだけを払ってもらう。そうやって、いちばん費用対効果が高い三年ぐらいの中古車を買う」

「必要なもの」と「欲しいもの」の違いを知る

「お金に縁のない人は、この二つが一緒だと思っている。金持ちになる人はこの違いをよく知っている。必要なものとは、生活をしていく上で必要不可欠なもの。欲しいものは、なくても生きていけるものだ。多くの人は、欲しいものが必要なものと勘違いする。そして、これがなくてはいけないものだと自分や家族に信じ込ませ、それを買う。

この世の中には、ものを買うことへの誘惑が山ほどある。君が金持ちになれるかどうかは、ほんの少しの違いだけだ。**貧乏人の口癖は、『ふだん頑張っているご褒美に買っちゃおう‼』。一方、金持ちの口癖は、『いまの私には必要ないな。またにしておこう』**

「それはおもしろいですね。うちの父も同じようなことを言っていました」

「それは、素晴らしいお父さんをもったものだね。買い物に対してのちょっとした態度の違いが、金持ちと貧乏人を分ける。私の言うことをすべて忘れても、これだけは覚えておきなさい。欲しいものが出てきたら、一週間待ちなさい。それでも欲しいものは、もう一週間待ちなさい。それでも欲しければ、そこで買ったらいい。この少しの時間を待つクセがあれば、余分なものを買う確率がぐんと減る」

何を買うのかを知る

「金持ちになっていく人は、自分の人生に流れるお金をどうするかで、将来の人生が違ってくることをよく認識している。大多数の人間は、何も考えないで、衝動買いをする。金持ちになる人は、いま車を買うと、一生働きつづける人生を選択するのと同じだと考える、車を買わずに投資して、早くリタイヤできるように神経を使う。スタートの微妙な差が一〇年、二〇年という時間で、大きな差になるのだ。

金持ちになる人間は、安全に走ってくれる車を買う。貧乏になる人は、かっこいい車を買う。だから、金持ちは中古車で満足するし、貧乏人は新車にこだわるのだ。倹約を楽しみながら、幸せな金持ちへの道を楽しんで歩いてもらいたい」

「僕は、金持ちになるまで車を買わないつもりです。そのお金の分、自己投資や見聞を広める旅行に使いたいと思います」

「それは素晴らしい。**自分がお金を使うときには、そのお金で何を得ようとしているのか、よく見極めることだよ。**そのお金を稼ぐのにかけた労力に見合うだけの対価を得られるのかどうか、じっくり考えなさい。自分の気分を変えたいのなら、そのお金を使う代わりに、気分を変える方法があるかもしれない。別の方法、たとえば、その辺を走るとかいったことで気分が変われば、その分、お金を使わずにすんだことになる」

どおりで、ゲラー氏はよく僕をマラソンに連れ出すはずだと、一人ほくそえんでしまった。

プレゼントをうまくあげること

「お金を賢く使うというと、普通の人は、使わないことが賢いことだと勘違いしてしまう。賢く使うとは、それが人を喜ばせるように使うことだ。幸せになることに成功した連中は人にプレゼントをするのが大好きだ。ショッピングをするときも、自分のことより、友人のことを考えていることのほうが多いくらいだ。

センスのいいプレゼントの渡し方をマスターすれば、君の成功の速度は一気にアップするだろう。プレゼントをもらってイヤな気分がする人は一人もいない。大切なのは、そのプレゼントの渡し方だ。気持ちよく受け取れるような、感情面の言い訳を用意してあげることだ。そして、相手に負担にならないようなものにするなどの心配りが必要だ。

大人になると、人からものをもらう機会が少ないのが普通だ。金持ちも、プレゼントを多くされているようで、意外ともらっていなかったりするものだ。君がつき合う人が何を欲しがっているのか、日常的に観察しなさい。そして、それをここぞというタイミングでプレゼントしなさい。すると、君は、あげる喜びを味わえるだけでなく、心の通い合う友人も手に入れることができるだろう。プレゼントをうまくできるようになって、初めて君は成功者の人生の入り口に立つことができる」

3 がっちり守る

「たくさん稼いで、うまく使うことができれば、強制的に積み立て貯金を始められるようになる。

そこで、三つめの法則『守る』に行ける。ここまで行き着く人は多くいない。ほとんどの人間が感情のままにお金を使い、大半を使い果たしてしまうのだ。この『がっちり守る』は稼いだ後、うまく使った後に残ったお金をいかに守るかということだ。せっかく手元に残ったものも、いろんな人につけ狙われることになる。

一番は税務署、二番は奥さん、三番は友人、四番目は詐欺師だ。このうち、誰もがもっともらしい理由で、君が苦労の末に手元に残したものを掠《かす》め取っていこうとする。税務署には法律があり、奥さんにはセックスがあり、友人には友情がある。どれも対抗しがたいものだ。税務署は法律をたてに君の取り分の何割かを取りに来る。情け容赦は一切ないと思ったほうがいいだろう。

でも、奥さんはもっとがめつい。最低でも半分は要求するだろう。それがなければあなたとはセックスしないと言うだけだ。そして、君が拒めば離婚訴訟だ。そして、君の財産の半分とともに彼女は去る決意で君のお金を狙ってくる。君はお金も半分取られた上に、逃げられるくらいなら、と、しぶしぶ奥さんの買い物に片目をつぶることになる」

ちなみに、ゲラー氏がダイヤモンドのビジネスを始めたのは、それが好きだったからというのがいちばんの理由だが、もう一つ「奥さんへのプレゼントが仕入れ値で買えたのも理由だよ」と笑いながら僕に教えてくれた。

「君の友人は、友情を人質にとって、君にお金を借りに来る。直接の融資を頼んでくることもあれば、もっと巧妙に投資という形で誘ってくることもあるだろう。成功者は孤独なものだ。だからそこを巧みについて君に友情を示しながら、君のお金を狙ってやってくる。

四番目の敵は詐欺師だ。どうしてこんなことに引っかかってしまうのだろうとはたから見たら思うほど、簡単な手口に引っかかってしまう。詐欺師に引っかからないためには、楽して儲けてやろうと思わないことだよ。君に儲けてやろうという気持ちがなければ、詐欺師は君に付け入ることはできない。

必ずしも、そういうことが起こると言っているわけではない。でも、ここにあげた四つは自分か、多くの友人に実際に起こったことだよ。ここでつまずくと金持ちにはなれない」

石油王ポール・ゲティーが金持ちになる秘訣を聞かれて、「Never lose money.（お金を失うな）」と答えたらしい。ほかに秘訣はありませんかと聞かれて、彼は「Never lose money.（お金を失うな）」とまた同じことを言ったそうだ。

4　投資する

「投資家の道を経ずして、金持ちになるのは難しい。また、投資家としての知識なくして、お金を維持するのも難しい。野球選手、芸能人が大借金を抱え込んでしまうのも、実は、このお金の知識がないからだ。普通の人にとって不思議なのは、あれだけ稼いでいるのに、どうして自己破産しなければいけないのか、だ。

でも、現実は、収入が増えるといくらでも銀行が貸してくれる。それだけリスクが増えるということだ。医者や弁護士が投資で失敗することが多いのも、普通の人は不思議に思う。でも、金持ちになるために必要な知性は、彼らのもつ知性と種類が違うのだ。

投資家として成功するのは、金持ちゲームの最終コーナーだ。金持ちになるためにはいちばん大切な関門だ。

金持ちを目指すには、ビジネスを所有して、種になるキャッシュと信用をつくること。そしてそれをうまく運用すること。これをマスターすることができれば、君は五年で金持ちになれるだろう」

5　分かち合う

「この境地にいくのに、私もずいぶん時間がかかった。金持ちになる人間は、稼ぐのはうまくても、使うのは下手なのが多いんだよ。まして分かち合うなんてなかなかできない。ほとんどの人生を稼ぐことにささげてているからね。なかなか頭がそれ以上にまわらないのも無理はない。でも、お金は使うためにある。

昔から、アメリカの富豪は、その富を社会に還元することを大切に考えていた。ロックフェラー、カーネギー、フォードなど、財団を設立して、毎年多額のお金を社会に還元している。私は、金持ちになる究極の目的は分かち合いにあると思っている。社会に才能を分かち合うことで得たお金を、社会に還元していく。このことで、初めてサイクルが完結するんだよ」

「僕も将来、お金持ちになったら、寄付したいと思います」

と言うと、

「そういう言い方は避けたほうがいい。金持ちになった連中は、お金のなかった頃から収入の一〇%を寄付していた。『お金持ちになってから寄付しよう』という言葉の裏には、いまは自分にはその余裕がないというメッセージが隠されている。つまり、自分には富を生み出す力がないと宣言していることになる。もし、言うなら、『**人と分かち合うことで僕はますます豊かになる。自分には無限の富を生み出す力がある**』と言いなさい」

「よくわかりました。ありがとうございます」

彼の言う一言一言には強烈なパワーがあり、僕の内なる力も呼び起こしてくれている感じがした。まるで、彼のパワーの振動が、僕の中の深いところにあるものを揺さぶっているようだった。

彼のこの言葉で、僕はひょっとしたら、自分も金持ちになれるのではという気分になった。

お金の法則を学ぶ意味

「君にお金のことを教えたのは、単に君を金持ちにするためではない。君らしい人生を送る際に、お金のパワーに邪魔されないために、お金のことを教えているのだ。両親がお金に対して健全な関係をもち、子どもにお金の教育を授けていたら、その人は人生とお金についてうまく考えられるだろう。幸せに生きている連中は、お金のことを日常的に考えていない。それだけ、お金に邪魔されずに生きていくことができているわけだ。

しかし、大半の人間は、人生の決断をするとき、お金に影響されている。安いとか、高いとかに始まり、自分にそれを買うのは無理だとか決めてしまう。それが、自分の幸せに直接つながることでも、お金を言い訳に行動するのをあきらめてしまう。**お金の達人になる素晴らしさは、いったんそのレベルに達すると、人生からお金が消えてしまうことだ。人生のあらゆる側面で、お金が君の邪魔をしなくなる。**

私は、もうずいぶん前に、日常的にお金のことを考えなくなった。ある意味、私の人生からお金というものがなくなったのも同然だ。誰かにお金の話をするときぐらいしか、思い出さなくなってしまった。不思議なものだね。若い頃はお金のことばかり考えていたのに」

「いまの僕にはとても考えられませんね」

「自分の住みたいところ、着たいもの、やりたいこと、食べたいもの、持ち物すべてを自分の好きなように決められたら、それ以上にお金をもつ意味はないだろう。お金を自由に操ることができれば、自分のやりたい人生を生きることができる。お金のことをマスターすることができれば、そんな魔法のような人生が可能になるのだ」

「その反面、お金に振り回されると、どうなりますか？」

「幸せな金持ちは、富を実現する過程で、不思議なことに気づく。

誰か個人が、お金を所有することは実はできないことだ。**お金は社会の中を流れる川のようなもの**。そして、川の流れを独占することはできないことを知るのだ。

川の流れの周りに小さい運河を掘って（ビジネス）、自分の領地に水を流すことはできる。けれども、そこから川の流れは別の場所へ行くのだ。無理に自分の領地内にとどめておこうとすると、水が氾濫して、とんでもない悲劇を生む。相続争いなどはこのいい例だ。

また、溜め込むばかりで、流れを生み出さないと、水は腐ってしまう。実際のお金は腐らないが、資産家で何も仕事をやらない人は得てして病気になるものだ。幸せに金持ちになった連中は、このことを体験的、直観的に理解する。だから、自分のところに来るお金の流れをポジティブな方向へと流す。そうすることで、お金のパワーにやられずに、逆に川の流れを大きくすることになることを体験的に知っているのだ。**金持ちになるのに手っ取り早い方法は、流れをつくることだ。**

お金に縁のない人は、なんとか溜め込もうとする。でも、それは、ご飯はたくさん食べるが、トイレに行って出すのはもったいないので、我慢するのと似ている。要するに流れさえあれば、豊かになれるのに、それを信頼できない。だから、一生懸命トイレを我慢する。それを想像しただけで体によくないことはすぐわかりそうなものなのにね」

第9の秘訣

自分のビジネスをもつ

「今日はビジネスのことを教えてあげよう」と、ゲラー氏が語りだした。

「ビジネスのことを学ぶには、ショッピングセンターに行くのがいちばんだ。ついでに何か記念に君に買ってあげよう」と言うので、僕は大喜びした。

ショッピングセンターに着くと、彼は僕を連れてゆっくりとショッピングセンターの店を見てまわった。そして僕にたずねた。

「この中でいちばん儲かっている店はどれだと思う?」

彼の問いに、僕は真剣に一つひとつの店を眺めた。するといちばんお客で混み合っているTシャツ屋さんが目についた。

利益率の高いビジネス、低いビジネス

「あの店ですかね、いちばん賑わっているようですから」

「そうくると思ったよ。まだまだ甘いね。あの店はたしかにお客さんがたくさん入っていて、儲かっているように見えるかもしれない。けれども、よく見てみると買っている客は意外に少ないだろう」

「え、そうなんですか？」と観察してみると、たしかにレジに並ぶお客は少ない。

「こっちに来なさい」とゲラー氏の手招きで行くと、そこはクリーニング屋さんだった。たしかに数人のお客が並んでいるが、繁盛しているようには見えない。アルバイトの人ひとりが受付をしているだけで、とても儲かっているようには見えなかった。

「ええ!? あのクリーニング屋さんですか？ とても儲かっているようには見えませんが」

するとゲラー氏は説明してくれた。

「あのクリーニング屋はこのあたりでチェーン展開していてね、この店もその一つなんだよ。この店の素晴らしいのは、お客がショッピングしている間にクリーニングしてしまうサービスや、

ほかの店でも服を受け取れるサービス、そしてロッカーに入れておいて好きなときに取り出せるサービスなど、いろいろ用意していることなんだよ。人件費も少ないので、利益率の極めて高いビジネスを展開しているのだ」と彼は言った。

「他の店はどうなんですか」

「**ビジネスによってお金の流れがぜんぜん違う。**たとえば、このショッピングセンターで、もう一つ儲かっているビジネスを見てみようか。あそこに見える宝石店がそうだ。あそこにはたいして客が入っていないように見えるが、客の単価は実に高い。また、一度客になった人はまた買ってくれる人が多い。だから、ほとんど店に客がいないにも関わらず利益は出ているのだ。

あちらのレストランを見てごらん。あちらは客が多く入っていて儲かっているように見えるが、人件費が多くかかっている。食材を仕入れる費用もね。だから見た目ほど利益は出ないのだよ。あちらの本屋も見てごらん。あそこにも客が多く入っているが、もともとの利幅が少ないので、なかなか儲かるビジネスにはなりにくいのだ」

「どうしてそんなことがわかるんですか？　あたかも売り上げの数字を見ているようですね」

「そんなことは見なくてもわかると言いたいところだが、実際の数字が、毎月私のところに報告されているからなんだ」と、ニヤッと笑った。

「え？　どうしてゲラーさんのところに報告書がいくんですか？」

「このショッピングセンターは、おもしろいシステムを導入していてね。固定の家賃のほかに、売り上げに対するパーセンテージも支払う仕組みだよ。その分安く出店できるようになっている。だからショッピングセンターのオーナーのところには、その売り上げ数字が毎月いくようになっている。このシステムだと、儲かるビジネスと儲からないビジネスを即座に判断することができて、より効率の良いショッピングセンターの経営ができるからね」

「ええ⁉　ということは、このショッピングセンターはゲラーさんのものなんですか？」と振り返って見ると、見渡すかぎり続くお店の数に圧倒された。

人の喜ばせ方で収入が変わる

「そうなんだよ。これはわたしが一〇年前に、何もないところから設計してプロデュースした。この町にはこういった娯楽施設が一切なくてね。つくればきっと喜んでもらえると思ったんだよ」と目を細めて、楽しそうに行《ゆ》き交《か》う人たちを見た。

「え！　これ全部なんですか？」と僕は信じられないという表情でゲラー氏を見た。

「そうだよ。この人たちが一生懸命に働いて、来たお客さんを喜ばせ、売り上げをあげる。その売り上げのほんの一部が、私のところにやってくるわけだ。私はこのショッピングセンターをゼロから企画し、お金を工面して、そしてお店のオーナーを募集して、彼らがビジネスできるように場所を提供した。ショップのオーナーたちは、自営業者として自分たちのビジネスをやっている。彼らなりのやり方でお客を喜ばせ、それに応じた報酬を得ている」

「なるほど。それが、社会の仕組みということですね。従業員の人は接客することによって報酬を得ている。ショップのオーナーたちは自分たちの働きに応じた売り上げの中から報酬を得る。そしてここを所有するあなたのところには、その一部が入ってくる。というふうなお金の流れなんですね」

「そのとおり。**人は人を喜ばせた分だけお金を受け取れるようになっている。**それはこのあいだ話したように、立場によって決まるということだ。一従業員として店のものを売っている人は、その働きに応じた収入を得る。ショップのオーナーはお客さんが喜んでお金を払ってくれた分だけの収入を得る。そして私は多くの人を喜ばせたり、働く場所を提供することによって収入を得るようになっているわけだ。この大きな流れが見えるようになると、ビジネスで成功することもたやすいのだよ」

「なるほど。それがビジネスの本質ということなんですね」

「そう。自分なりのやり方で人を喜ばせることを考えなさい。私と同じようにプロデューサーとして人を喜ばせたいのか、接客をして人を喜ばせたいのか、ショップのオーナーとして人を喜ばせたいのかを考えることだ。自分の特性に合わないことをやっても、不幸になるだけだよ。そしてそれぞれの立場で、人を幸せにすることができれば、君は十分に幸せで豊かな人生を送ることができるからね」

「その中でも、いちばん金持ちになる近道は何ですか？」

「**ビジネスをもつ（Own your business）こと**だね。会社勤めをやったとしたら、定年の頃になってようやく生活していてプラスになるくらいの給料をもらえる。それでは一生かかっても金持ちになれない。スポーツ選手になったり、歌手になったり、画家になるのはなかなか現実的でない。儲かるビジネスを所有するのが普通の人にとっていちばん早いだろう。うまくやれば五、六年くらいで一生食べていける財産を築くことができる」

「僕は将来、自分のビジネスをやりたいと思っているんですが、どのようなことを知っておけばいいんでしょうか？」

「君は、危険だなぁ。私にビジネスの話をさせたら、止まらないのを知っているのかい？　残念ながら、いまの君にはまだビジネスの体験がないから、すべてを教えるのは難しい。いまは、基本的なことだけを教えておこう。これだけ知っていれば、大きく間違うことはないだろう。細かいことは実践しながら学ぶといい」

ゲラー氏の「ビジネス成功5原則」

ビジネス＝人がお金を払ってもいいと思うぐらい価値あるサービスやものを提供すること

「これだけ覚えておけばいい。その他はおまけみたいなものだ」

「もっと、具体的なことを教えてくれませんか？」と言うと、1から5までの数字を書いた。

1　好きなことを見つける

「ビジネスをするためには、まず、その分野を選ばなければいけないね。以前も言ったけれど、それには、自分の大好きなことを選ぶことだ。自分の好きな分野がわかったら、その分野で成功している人を探すことだよ。私の場合は、セールスだった。ものを売るのが大好きだったんだ。売るものは、何でもよかった。ただ、私の場合は、保険とか目に見えないものよりは、目に見えるもののほうが売れるような感じがしたんだな。しっくりくるまで、いろんなものを売ったよ。家庭用の洗剤や、台所用品、雑貨、考えられるものはすべて売ったね。そこで、いちばん売れて楽しかったのが、宝石だった。もちろん、ハンサムな私にとって、女性にものを売るのはわけなかったね。ハハハハ」

お世辞にもかっこいいとは言えないゲラー氏を見て、僕なりの推理をした。女性はハンサムな男より、おもしろくて口のうまい男に弱い。巧みなゲラー氏のトークに皆はまってしまったのだろう。

2　そのビジネスで成功に必要なことはすべて学ぶ

「いったん自分が大好きな分野が見つかったら、その分野で活躍している人を探すのだ。そして、できればその人について仕事のやり方を学ぶ。

一つのビジネスを成功させるのには、学ぶべきこと、やるべきことが無数にある。成功するためには、それを全部学ばなければならない。そのうち八〇%を学んでも平均的な成功しかできない。野球選手も、一〇回の打席のうち、三回ヒットを打つ人間は二回ヒットを打つ人間の二〇、三〇倍稼ぐ。私や君が打席で打つのは不可能だ。二回ヒットを打つのだって、大変なことだろう。けれども、たった一回の差が、信じられない差を生む。

競馬でも、一位と二位では何倍も賞金額の差がある。最後の一〇%のつめが数倍の収入の格差を生む。一位の馬が数倍の速さで走ったわけでもなく、数倍の距離を走ったわけではない。ほんのわずかな差が勝負を決める。これを覚えておきなさい。

成功したければ、いい加減な準備では不可能だ。最後のつめのほんの数パーセントが普通と大成功の差を生むのだから」


一呼吸おいて、ゲラー氏は話を続けた。

「セールスの天才から、いろんな教えを受けたとき、人生を変え得る多くの発見をした。その一つは、**誰でも一定の訓練を積めば、セールスの分野で成功できる**ということだ。自分がそれを試してみて、あとには部下の指導をするときにそれを役立てた。その過程で、自分にはセールスの才能と、優秀な人間を育てる才能の両方があることを発見したのだ。

ひとたび自分の才能を見つけたら、できることはすべてやった。私は、セールスの名人がいると聞けば、どんな分野であれ、その人を訪ね、成功のコツを教えてもらいに行ったものだよ。

私は、自分の才能がセールスだと気づいて、それを最大限に生かそうとした。同時に、セールスの才能がありそうな連中をスカウトして、ダイヤモンドの売り方を徹底的に指導した。あの当時がいちばん楽しかったな。どこに行っても売れたのだから。

みんなでバケーションに行った先でも、気がつくと連中は通りがかりの女性に売っていたもんだよ。彼らも後にそれぞれ会社をもって独立したが、あの頃は、みんな若くて何をやっても楽しい時期だった。

私は自分の店と小さなジュエリーの工房、そして何よりも強力なセールス部隊をもつことができた。そこで、数年も立たないうちに、ジュエリーの製作会社と販売部隊の両方をもつことになったのだよ。一つ売るだけで一週間は生活できたのだ。私の貧乏時代もようやく終わりを告げた」

3　小さくスタート、短期間で大きくしない

「スタートはできるだけ小さくすることだ。勤めている会社をすぐ辞めてしまったり、いきなり大きなお店を始めたり、リスクを犯さないほうがいい。小さくスタートしていれば、失敗しても損失は多くない。また、準備をしてやり直すことができる。また、うまくいきだしたからといって、急に拡大しないことだ。急拡大すると、大きなひずみができる」

「でも、うまくいっているうちに一気に稼ぐっていう考え方はどうですか？」

「それは、貧困意識から来ている考え方だろうね。チャンスは無限にあるのだよ。そのドアは、少しの間だけ開いて閉じるということはない。正しいことをやっていれば、ドアは自動的に君の目の前に現れ、開いてくれるのだ。私が言っているのは、具体的に言えば、こんなことだ。

自分の商品が急にヒットしたとしよう。つくっても、つくっても、注文に追いつかない。いま

こそ、会社を大きくするチャンスだとばかり、借り入れを起こして、工場をつくったり、店を出したり、人を雇ったりする。でも、すべてが完成した頃には、ブームは去ってしまい、残ったのは、最新鋭の設備と余剰人員だけということが起こる。そうすれば、倒産するのに時間はかからない。急成長できるとしても、ゆっくりと大きくなるのがいいんだ。さばききれない注文は断るぐらいでちょうどいい。そうやってためを効かせたほうが、ブームも長続きしたりするものだ」

4　儲かるシステムをつくる

「スタートしたら、お客をいかに喜ばせるかにすべての意識を集中することだ。そして、そのサービスを続けていくためのシステムが必要だ。仕事とお金の自然な流れをつくることだよ」

「システムって何ですか？」と僕が聞いた。

「新しい客が、ものやサービスを買ってくれて、入金があるだろう。そして、次の客が来る流れのことだよ。うまくいくビジネスには、この流れがある。

たとえば、私のビジネスは、ダイヤモンドを売ることだった。客がダイヤを買ってくれ、お金を払ってくれる。そこからが実はスタートなんだ。ダイヤを私の店で買ってくれた客は、当然、買ったものを見せびらかすものだよ。もし、客が満足してくれていたら、いい広告塔になってくれる。私がうまくやったのは、彼女たちを知らない間にセールスウーマンにしたことだ。

もし、彼女たちが友人を紹介してくれたら、彼女たちと友人たち両方に一年限定の大幅割引クーポンをあげたのだ。そうすると、喜んで次のギフトシーズンには新しいダイヤを競って買ってくれたものだよ。女性は、『限定』『割引』『あなただけ』に弱い。これは、どの文化でも、一〇〇年たっても変わらないだろうね」

「すごいですね。何か手品でも見ているようです」

「いちばん大切なのは、マーケティングだ。マーケティングといっても難しいことはない。誰にどのように買ってもらうかだけわかっていればいい。君が買ってもらいたい相手を決め、その人たちの心理を読むことだ。それができるようになれば、成功は早い。彼らに、喜んでお金を払ってもらい、長い間客でいつづけてもらうことだ。一度客になった人が、ずっと君の客になり、友人を紹介してもらうことができれば、君は一生客に困ることはないだろう。そのための紹介システムもしっかりつくりなさい。気持ちよく、喜んでお客を紹介してもらう仕組みがあれば、君のビジネスは成功したのも同然だ。

儲けたければ、次のことを知っておく必要がある。

利益＝お客の喜びがお金に転換されたもの

お客を喜ばせた分だけ、お金は入ってくる。**間違っても短期間で儲けてやろうと思ってはいけない。お客に喜んでもらえば、その人は、君に一生お金をもってきてくれる。**だから、儲けることを考えずに、どうやったらお客を楽しませ、喜ばせられるだろうかと考えることだ。このような考え方をできるようになれば、成功は確実だ」

5　自分がいなくてもまわるシステムをつくる

「一度、この儲かる仕組みをつくった後は、それを誰が管理してもうまくいくようにすることだ。これができれば、君は自由人への道を歩き始めることになる。

仕事を辞めてしまえと言っているのではないよ。いつ辞めてもいい状況をつくると、仕事は、君が選択してやっていることになる。

同じ仕事をやるのでも、やらなければ生活できないからやるのか、楽しいからやるのかでは、気分がぜんぜん違う。一〇〇倍も喜びが増すと言っていいだろう。

どうして私が、君なしでまわる仕組みをつくれといっているかと言うと、多くの中小企業は、社長が我を出しすぎるからだ。

たとえば、『社長のスミスさんでなければ』なんてお客に言われて喜んでいるようじゃ経営者失格だね。君じゃないとできない仕事があれば、それ以上会社は伸びないからだ。誰でもできるようにしておかなければ、拡大するのも難しいからだ。そのためには、自分が特別になるために仕事をやっていてはいけない。

『社長は会社に来なくていいですよ』と部下に言われて初めて、自分は優秀な経営者の仲間入りしたと思いなさい。ふだんは、日常的な仕事をせずに、どうしたら、お客や従業員をもっと大きなスケールで喜ばせられるかを考えなさい。

それが、経営者の仕事だし、とても楽しいことだよ」

第10の秘訣

アラジンの魔法のランプの使い方をマスターする

「君は、いままでの人生で望むものは、何でも手に入れてきたかね？」

「本気で願ったことの多くが実現しましたが、かなっていないこともあります」

「というと、望む現実をまだまだ手に入れるやり方をマスターしていないということだね？」

「たぶん、そうだと思います。でも、自分の欲しいものを何でも手に入れることなんてできるんでしょうか？」

「もちろん、成功者はみなアラジンの魔法のランプの使い方を知っている」

「え〜、僕もぜひ教えてもらいたいです」

達成できたことと、達成できなかったことのリストをつくる

「では、いままで望んできて、達成できたことのリストを書きなさい。どんな細かいことでもかまわない。そして、今度は、達成できなかったことのリストを書きなさい。そのリストを眺めてごらん。おもしろいことに気づくはずだ」

「いったいどんなことなんですか？」

「達成できたことのリストを見ると、君の望んだ現実が、確実に手に入ってきたことがわかるはずだ。**それが、どれだけ君の人生を豊かにしてきたことか、かみしめてもらいたい。**そして、今度は、達成できなかったことのリストを眺めてもらいたい。少し、まだ未練があるかもしれないが、大きい目で見れば、かなわなくても、君の人生の幸せ度は変わらなかったはずだ。また、そのときに実現しなかったほうが、かえって君のためになっていることを見てほしい」

「たしかにそうかもしれません。もちろん、表面的には、かなってほしくても、それが実現しなかったほうが、かえって、より大きなことを学べたのかもしれないって思えますね」

「そう、そのあたりがわかってくると、自分にとって、ベストなことは実現でき、そうでないも

のには、ストップがかかっていることがわかると思う。いずれにしても、君にとっては、最高の現実ができているということだ」

「うぁ〜、そんなこと考えてもみなかったな。すると、僕は、一〇〇%ベストな現実をつくっていたということですね？」

「そのとおり。多くの成功者は、このマインドのからくりに気づいている。そして、望む物事を実現する精度を高めていくのだよ。普通の人間は、思ったことが実現しないので、考えることをやめてしまう。そして、現実を受け入れようとしないで、文句ばかり言うのだ」

「僕の中で、いま何かがはじけました。誰にでも、アラジンのランプは備わっているということですね？　ただ、その使い方をよく知らないために、使いもしないというだけのことですね!!」

「そうなんだ。普通の人は、欲しいものすら考えない。そして、行動に移しもしない。ランプをこすりさえすれば、夢がかなうというのにね」

イメージと潜在意識の力を使って、目標を設定する

「目標を決めるということはとても大切なことだ。多くの人は自分の人生の方向性が定まってい

ない。だから、海を漂うくらげのような生き方をしている。潮に流され、目の前にある食べ物や娯楽を楽しみ、ふらふら漂っている。そのような人生で君が満足ならばそれでいい。でも、自分が生まれてきた真の目的を発見し、エキサイティングで素晴らしい人生を送りたいなら、目標が必要だ。

目標というと、そんな堅苦しいものはいらないと言う人がいる。でも、方向性が決まらないで、どうしてそこにいけるだろう。自分がどのようになりたいのか、どこに行きたいのかをはっきりさせなければ、人生の迷子になるだけだ。目標というと、型にはまってイヤな感じがするかもしれないので、イメージと方向性と言い換えてみよう。

君は一〇年後、二〇年後どのような人生を送っているかね?」

「さあ、来年もわからないので、さっぱりわかりません」

「じゃ、君があまり何も考えなければ、一〇年後、どのようになるか想像できるかね?」

「たぶん、どこかの会社に就職して、毎日頑張っているでしょうね」

「君が、普通の生活をしたければ、目標なんていらない。でも、普通と違った人生を望むならば、それを明確にしなければいけない。たとえば、宇宙のレストランに入って、オーダーすることをイメージしてほしい。レストランに入って、『ご注文は?』と聞かれる。君が何も言わなければ、周りの人と同じランチの定食を運んできてくれる。君が、普通の人の食べる定食がイヤなら、別の注文を出さないといけないだろう。

目標は、この注文のようなものだ。何が欲しいか言ってあげないと、ウェートレスの人も困ってしまう。はっきりと何が欲しいかを言ってあげなければいけない。**どういう仕事がいいのか、どんな人生が欲しいのか、一つひとつはっきりさせていけばいい。**そのオーダーを伝えると、ウェートレスの人が、その人生の値段を言ってくる。

宇宙レストランの値段はお金ではなく、行動で支払うことになっている。欲しいもののための、行動リストを書いて、そのとおりに行動する。そうすると、注文どおりの人生がやってくるというわけだ。シンプルだろう」


「私は、目標の立て方は、すべての小学校で教えるべきだと考えているんだ。こんなに目標を立てることが大切なのに、どうして普通の人は目標を立てないんだと思う?」

「そうですね、面倒くさいからじゃないでしょうか? 僕も小学校の頃、新年の初めには目標を立てていました」

「どんな目標を立てていたんだい?」

「毎日六時に起きて、勉強をするとか、マラソンするとかです」

「それで、うまくいったかい?」

「いえ、恥ずかしながら、続いてもほんの数日です。うまくいったことでも、一週間ぐらいだったでしょうか」

「ハハハ、普通はそんなもんだよ。それで目標設定に関しては、どう思うようになった？」

「もう、目標設定はイイヤと思いました」

「自分自身に対してはどう思った？」

「情けなくて、落ち込みました」

「そうだろう。誰も君を責めないよ。そこで、もう目標をつくるのを止めてしまったわけだ」

「でも、お話を聞いて、目標設定をやらなくっちゃと思いました」

「心がけは素晴らしいけど、いまのままでは、新しい目標を決めても、失敗してまた落ち込むだろうね」

「そう言われると自信ないです。どうしたらいいでしょう？」

「まず、君が知らなくてはいけないのは、どうして目標設定が失敗するのかを知ることだ。そして、うまく目標設定をするやり方を学ぶことだね」

「はい、ぜひお願いします」

なぜ、目標達成に失敗するのか

すべきことを目標にしている

「目標を設定するときに、人は大きな間違いを犯す。まず、自分がすべきだと思うことを目標にする。人間はすべきことをやれるほど、意志が強くできていない。もう五キロやせるべきだといっても、目の前のおいしいデザートに抵抗できる女性は多くない。また、食べないことばかりにフォーカスするので、あるとき、堰《せき》を切ったように食べてしまう。人は、○○すべきだと思うことほど、できないものだ」

「なるほど。そのとおりだと思います」

目標を達成するモチベーションがない

「その目標が達成できると、どんな楽しいことがあるか考えてみることだ。それにピンとこなければ、わざわざ努力する甲斐がない。しばらくは、意志の力で頑張れても、すぐダメになってしまう。ガソリンなしで走る車のようなものだ。モチベーションというガソリンがなければ、走ることはできない。それを考えただけでワクワクするような目標でなければ、うまくいかないのだよ」

具体的なステップがない

「いきなり、フルマラソンを走ろうと思っても無理というものだ。そのためには、まず、一キロを走るスタミナをつけなければいけない。そして、次は五キロ、一〇キロという具合にのばしていき、最終的にフルマラソンの距離にのばす。多くの人は、いきなり走り出し、何キロかでバテてしまい、走るのを永久にやめてしまう」

「わあ、なにか自分のことを言われているようで耳が痛いです」

期限がない

「いつまでにやるのかが決まっていなければ、人はなかなかスタートしない。具体的な期限を決めないと、何も起こらないのだ。自分のやりたいことは期限がなければ、いつまでたっても、それは実現しないだろう」

ゲラー氏の「目標設定成功5原則」

1　ワクワクするような目標を立てる

「多くの人は、つまらない目標を立てる。その人がやるべきだと思っていることを目標にするので、それを達成するのは難しい。そんなことが何回か続くと、もう目標なんかどうでもいいやという気分になってしまう。

自分がそれができたらどんなにいいだろうと、ドキドキすることが目標にならなければならない。こうなったら最高だ！　死んでもいいと思えることを紙に書きなさい」

2　目標は細分化し、具体的な行動ステップを考える

「多くの人は、いきなり実現不可能なことを目標にする。一〇メートルの高さを一回のジャンプで飛ぶことはできない。だが、三〇段の階段をつければ、なんてことはないのだよ」

3　目標を達成したときのご褒美と、失敗したときの罰を用意する

「人は、喜びを求め、痛みを避けようとする傾向がある。目標を達成することによって感じられる喜びをできるだけ書いてみること。また、その目標を達成できないと、どんな痛い目にあうのかを書くのだ。それを自分に課すことで、自分が行動しやすいようにする」

4　目標が達成したところをイメージして楽しむ

「目標が達成して、自分や周りの人が喜んでいるところを絶えずイメージすることだ。その楽しい雰囲気を潜在意識に植え付けることで、それが現実になるプロセスを加速することになる」

5　行動を起こす

「目標までのステップを一つひとつ行動に移していく。下りのエスカレーターを一気に駆け上がるように、情熱をもって行動することが大切だ」

第11の秘訣

多くの人に気持ちよく助けてもらう

「成功するのに、いちばん大切なのは、多くの人に助けてもらうことだ」

「それだと、なんか弱い感じがするんですけど。やっぱり、成功って、自力で勝ち取るものじゃないですか？」

「まだ君は世の中がどうできているのか知らないから、そんなことが言えるんだよ。この世の中の誰一人として、一人で生きていけるものではない。どんなに世界的に成功している人でも、誰かのサービスを必要としているんだよ。人に助けてもらうということが、いかに成功の秘訣かということを今日は話そう」

「一人」で成功している人はいない

「成功を目指す多くの若者は、すべてのことを自分の力で成し遂げようとする。けれどもそれは大きな間違いだ。というのも、成功とは多くの人に支えられて初めて実現できる状態のことだからだ。たとえば、たいへん繁盛しているレストランのオーナーの人生をイメージしてごらん。レストランのオーナーとして成功するためには、多くのお客さんに来てもらわなければならない。そして、そのお客さんに絶えず友人知人を連れてきてもらわなければ、そのレストランの成功というものはあり得ない。

同じように、そのレストランで働く従業員に『このレストランで心底働きたい』と思って喜びと共に生活してもらわなければ、成功するレストランをつくることは難しい。また、銀行にも手伝ってもらわなければならない。その店をつくるために銀行から借り入れを起こしていたとすれば、銀行の担当者にも応援してもらわなければならない。同じように、店の内装を担当してくれた人、食材を納入してくれる業者、それを運んできてくれる運転手、レストランから出たゴミを掃除してくれる清掃員、多くの人たちの協力と献身があって、初めてこの人は成功できると言えよう。

もしその人が、『俺は自力でいまの成功を成し遂げた』なんてことを言ったならば、彼を支えている人たちは、どういうふうな感情をもつと思うかね？」

「それは何か裏切られたような、無視されたような寂しい思いかもしれません。なんだ、この人ぜんぜんわかっていないよなという感じかな」

「そのとおり。多くの成功者は、関係するすべての人に『あなたがいたから、いまの自分があるんだ』ということを感じてもらえるように努力をしている。そうして彼らは多くのファンを獲得し、さらなる成功を実現しているのだよ。

一方、自力で成功したと考える人間は、どんどん傲慢になっていく。すると、気がつかないうちに彼の周りから人が離れ始める。**周りの人すべてに支えられて、いまの自分があるというふうに感謝をして毎日を過ごす人間と、『これは俺がやったから、これくらいの成功は当然だ』と傲慢に開き直る人間とでは、どれだけ将来の差が出てくるだろうか。**

このことが本当に理解できると、実は多くの人に支えられる人間ほど成功するのが早く、その成功も安定したものになることがはっきりわかるだろう」

「よくわかりました。本当にそのとおりですね。僕は、てっきり自力でやり遂げたというほうがかっこいいと思っていました」

「もう一つ大事なのは、助けてもらうことで、実は助けてあげることができるという事実だ。人は本来誰かを助けたいものだと、私は思っている。だから、誰か人を助けることができたとき、その人は精神的な安らぎと満足感を得るものだ。そう考えると、できるだけ多くの人に助けてもらうだけの人間としての器をもつことがとっても大事になってくるのがわかるだろう。**もし自分でできたとしても、できるだけ多くの人を巻き込んで助けてもらうことだ。そしてその人たちに感謝して喜んでもらうことが君の成功のスピードを速めるのだよ。**だから決してすべてを一人でやろうというふうには思わないように。もしすべてを一人でやろうとすると、君は、前にも言った自営業の蟻地獄に自分自身を放り込んでしまうことになるからだ。このあたりのことをしっかりつかんでもらいたい。

もちろんこれは、自分でビジネスをやって気がつくことでもある。だから一〇年後、『あ、あのときに言われたな』と思い出すくらいには覚えておいてほしい」

「たしかに、いまはよくわかりません。ただ、多くの人に助けてもらうのが大切だということだけは理解できました」

「それで十分だろう。ここさえしっかり認識していれば、君は間違いなく多くの人に愛されて、サポートされる人間になるだろう。間違っても一人で成功を勝ち取ったなどとは考えないように」

「はい。わかりました」

専門家の協力をうまく得る

「もう一つ君に伝えたいことがある。それは、専門家の知識を使うということだ。専門家とは、その分野のエキスパートを言う。人間には、残念ながら七〇年か八〇年しか生きる時間がない。ということは、その中で自分の自由にできる時間は、決して多くはないということだ。

物事がわからない人間は「無限に時間がある」と考え、大切な時間を浪費してしまう。幸せに成功する人間は「自分の時間には限りがある」と考え、自分にできる最大のこと、つまりは自分の大好きなことをやって、才能を周りと分かち合う。しかし、その際に必要なことすべてを、自分で学ぶことはできない。

たとえば、法律の詳しいことを君は勉強できるかもしれないが、その道で四〇年間プロとしてやってきた人間の知識の深さにかなうはずがない。四〇年かかって法律の勉強をした専門家にアドバイスを聞けば一分で答えが出るところが、もし君が同じ答えを得ようとすれば、四〇年以上の人生を費やさなければならないだろう。だから、私は一時間何百ドルというお金を払っても惜しくないどころか、自分のためにその知識を得ようと四〇年間も頑張ってくれたこの弁護士にいつも心から感謝しているくらいだ。

君にもそういう感性をもってもらいたい。そして専門家の知識をうまく活用する術《すべ》を身につけてもらいたい。それは法律のみならず、投資、健康、医学、設計、デザイン、ありとあらゆる専門分野に関して同じことが言えるだろう。君は、チームの監督であってチームの一員ではないのだ。**もし経営者を目指すならば、一プレイヤーとして技を磨くのと同時に、監督としての力量を身につけることを第一の目標にするがいい。**そのために人に応援してもらう人格をつくることだと私は言っているのだ」

僕が滞在中、一度ゲラー氏の顧問弁護士が来たのを見たことがある。パリっとした上等なスーツを着た完璧な身のこなしのエリートだった。ゲラー氏はというと、アロハを着てくだらない冗談ばかり言っていた。若い弁護士も負けじと応戦していたが、明らかにゲラー氏のパワーに押されていた。どちらが金持ちに見えたかというと、明らかに弁護士のほうだ。でも、そんな人を雇っているんだから、ゲラー氏はたいしたもんだなと少し誇りに感じた。

ミーティングの後、僕を書斎に呼び、弁護士とのつき合い方について教えてくれた。

「ビジネスをやる上でも、投資をやる上でも、法律と税務に長《た》けていなければ、金持ちになることは難しい。法律はパワーなんだ。かといって、弁護士や会計士になれと言っているのではない。それは君にとってかえって遠回りになるだろう。でも、基本的なことを知らなければ、金持ちになるスピードはぐっと遅くなってしまう。

優秀な弁護士と会計士、税理士を雇って、彼らをうまく使いこなすのだ。あまり、最初は有名な人は雇わないほうがいい。というのも君みたいな若者にはかまってくれないだろうから。それよりも、君と一緒にゲリラ戦を戦ってくれる、若くてできる奴を雇いなさい。

ただ、どういう相談するかは注意しなければならない。税理士や弁護士はリスクに臆病だ。彼らに新しいビジネスやアイデアを話しても、反対されることが多い。相談内容は、法律、税務に限りなさい。彼らの多くはビジネスの体験もないのに、もっともらしいアドバイスをする。いちばんいいのは、以前は弁護士や税理士として仕事をしていたが、いまは自分のビジネスをやって、成功している人にアドバイスを求めるといい。彼らは、攻めと守りの両方をよくわかっているはずだ。

でもそんな人は、顧問になってくれる可能性は少ない。そんなケチなビジネスより、もっとおもしろくて儲かることをやっているのだからね。だから、君としては、礼儀正しく、教えを乞うしかない。うまく頼めば、君の強力なアドバイザーになってくれる。強力な弁護士と税理士のチームがいれば、成功へのステップを踏み外さずに歩むことができるだろう。

金持ちは、優秀な税理士を使って、合法的に税金を払わなくてもすませる。弁護士や税理士に支払う報酬は、経費で落とせる。言ってみれば、税金でとられるはずのお金で優秀な連中を雇い、税金を取られない知恵を買っているのだ。だから、金持ちがますます金持ちになるのは当然と言えよう」

「お話しになっていることは、よくわかります。小さい頃から多くの経営者を見たので。賢い人ほど、優秀な人のアドバイスを聞くことができるんですね」

「そのとおりだよ。ヘンリー・フォードも言っている。成功したければ、自分よりもはるかに優秀な人に囲まれて仕事しなさい、とね」

第12の秘訣
パートナーシップの力を知る

「人は、どういうときに幸せを感じると思う？」と夕食後のテラスで、ゲラー氏は語りだした。

「さあ、何かを買ったときとか、目標を達成したときでしょうか」と僕が答えた。

「そういうことで得られる幸せは、一時的なものにすぎない。人は、誰かと人間的なつながりを感じたときに、初めて幸せを味わうのだよ。誰かと深い絆《きずな》を感じたとき、深い心の平安を得るのだ。

人は、小さい頃から、人間関係でたくさんの痛みを体験している。そのせいで、誰とも深い人間的なつながりをもつことを恐れるようになるのだ。しかし、本当の意味で幸せになるためには、どんな人とでも友好な関係を築き、信頼ある関係を長続きさせることが必要だ。人間関係は、人生最大の喜びにも、最大の苦しみにもなる。アメリカで会社を辞める理由の多くは、経済的なものではなく、職場の人間関係だという。逆に、給料がいくら低くても、素晴らしい上司と同僚がいれば、まずその会社を辞めないものだ」

「どうしたら、人と良好な関係を保てるのでしょうか?」

「自分に正直になれれば、そんなに難しいことではない。自分らしくいられること、人の話をしっかり聞くこと、相手のことを大切に扱うこと、自分の本当の気持ちを相手に伝えることができれば、いいだろう。どういうときにでも、誠実に接することだ」

愛し合い、信頼し合える関係

あるとき、奥さんとどうしてそんなに仲がいいのかということを聞いたことがあった。彼は、奥さんのドロシーさんを抱き寄せると、にこやかに語りだした。隣で彼女も、ニコニコしている。

「人生の幸せの中でも、愛と信頼のある夫婦関係はたいへん価値あるものだよ。素晴らしい夫婦の関係は奇跡を生む。私も人生で何回か大変な苦境に陥ったけれど、妻はどんなときも私を信頼し、応援してくれた。私の成功に関して、いちばんの恩人は妻のドロシーだ。素晴らしい偉人には必ずそれを支えるパートナーがいた。エジソンもフォードも、ロックフェラーもすべて奥さんには頭が上がらない。彼らは新しいアイデアがあると必ず奥さんに相談していたようだ。そして妻は、そんな夫を尊敬し、心から信じていた。その深い信頼関係が通常では考えられない成功を生むんだと思う」

「そうですか？　離婚が多いアメリカなのに、素晴らしいことですね。僕も一緒にいて、とても幸せな気分になります」

「いい夫婦関係は、金持ちになるにも、とても大切だ。なぜなら、**不幸になると、人はお金を使って憂《う》さ晴らしをしようとする**からね。でも、いくら使ったからといって、気分がよくなるわけではない。特に女性にはこの傾向が強いね。君の年収が何億になっても、奥さんが不幸なら見事に君の代わりに全部使ってくれるだろう。そして、もし、そんな彼女が気に入らないなら、離婚しか選択肢がなくなる。

　でも、アメリカでは巨額の慰謝料が待っているんだ。私の友人で、三回離婚して五人子どもがいる男がいるんだが、いくら稼いでも収入が何分の一しか手元に残らないと嘆いている。いつまでたっても金持ちなんかにはなれない。**富を築こうと思ったら、最愛の人と結婚し、いつまでも幸せでいることだね。それは、どれだけの富よりも素晴らしい。**私がいまの奥さんから高校時代からずっと離れなかったのも、わかるだろう。

第一、いままで女性にプレゼントしたものが全部手元に残るか、他人のものになるのか、それだけでも莫大な違いを生むじゃないか！」

マスターマインドが幸せと豊かさを築く

「多くの見せかけの成功者は、パートナーシップの偉大さに気づかない。そして、パートナーをないがしろにして、自滅していくのだ。マスターマインドという言葉を聞いたことがあるかい？」

「いいえ、何ですか？　そのマスターマインドというのは？」

「マスターマインドというのは、複数の心が同じ目的に向かってまとまった状態をいうのだ。それは、奇跡的な大きな力を生むのだよ。多くの成功者は、この力を利用してきている。古くは、イエス・キリストの弟子たちが、布教のために心を合わせたということがある。現代でも、大きなプロジェクトが奇跡的に成功しているのにも、それを見てとれるだろう」

「高校生のときに、文化祭が予想外にうまくいったことがありました。そういうことなんですか？」

「そうそう。二人以上の複数の人間の心を合わせることだ。それが奇跡を生む」

ゲラー氏の「パートナーシップを成功させる5原則」

パートナーシップを成功させるいくつかのポイントを教えてくれた。

1　問題があれば、できるだけその場で話をすること。その日のうちに解決すること

「特に男性は、とかく面倒くさくなり、問題解決を先延ばしにしてしまう。女性のほうも、何かが違うと感じながらも、そのままにしてしまいがちだ。でもそうすると、二人の間の愛の炎は小さくなり、情熱がそのうち消えてしまう。問題があると感じたら、できるだけ、その場で処理をすることだ」

2　何かを決めるときには、二人の一〇〇%の合意で決めること

「夫婦は、運命共同体である。だから、その船の進む方向性は、どちらもが、一〇〇%合意をしなければいけない。片方が、反対しているのを押し切ってはいけない」

「そんなことをしたら仕事ができなくなってしまいそうですが……」

「パートナーを仕事より大事にしていないからそうなるんだよ。君が、その仕事より、パートナーを大切にしていれば、彼女は反対しないだろう」

3　お互いの存在を自分の人生での奇跡として扱い、感謝すること

「世界には六〇億からの人間がいる。そのうちの一人をパートナーとして選んだのだ。相手がいるだけでも、奇跡的なこと。その奇跡を日常的にお互いに確認し合えるかどうかが、パートナーシップの成功の鍵を握るだろう」

4　自分の幸せに責任をもつこと

「どうしても、相手を幸せにしたいと考えたり、相手に幸せにしてもらって当然だと感じがちだし、言ってしまいがちだ。でも、誰かが他人を幸せにすることはできない。人は自分しか幸せにできないのだよ」

5　夫婦は運命共同体であると認識すること

「お金がどちらから入ってきても、夫婦のものであると捉えること。それは、豊かさは二人の愛とつながりに入ってきたものだから。入口がどちらかはあまり関係がない。共同事業のように捉えること。さもないと、お互い恨みばかりが募ってしまうからね」

第13の秘訣

ミリオネア・メンタリティを身につける

次の講義は、〝意識〟に関することだった。ゲラー氏は昔を懐かしむように、そして少し誇らしげにこんな話をしてくれた。

「私が、お金のことを学びだした頃、最大の発見は、お金を磁石のように引きつける人間がいるということだった。その発見を私の先生に報告した。すると、教えてくれたのが、このミリオネア・メンタリティだ」

「ミリオネア・メンタリティって何ですか？」

豊かに生きるための世界観をもつ

「それはね、一言で言うと、『豊かさ意識』なんだ。そのメンタリティで生活していると、豊かさを引き寄せることができる。具体的には、この世には、豊かさが満ちあふれていて、人はどんどん豊かになれるという思いなんだ。実際に、私が会ってきた成功者も、このミリオネア・メンタリティの本質を理解してから急に成功し始めたと、口をそろえて言っている。それだけ、これが大切だということだ」

「なるほど、豊かに生きている人は、考え方やふだんの心構えがそのようになっているということですね」

「そう。このメンタリティで生きると同時に、セルフイメージも高めなければいけない」

セルフイメージを高める

「セルフイメージって何ですか？」と、僕が聞いた。

「セルフイメージとは、『自分が誰である』と思っていることだよ。たとえば、自分が素晴らしい人間だと思っていれば、その人のセルフイメージは『自分は素晴らしい人間だ』となる。人は、このセルフイメージというものをもって人生を生きている。幸せな人は幸せなセルフイメージをもち、不幸な人は不幸なセルフイメージをもっている。セルフイメージとは『自分像』ということだ。

このセルフイメージが高ければ高いほど、幸せ、成功、富を引き寄せることができる。たとえば君は、いままでアメリカで多くの成功者と会ってきたと言ったね。どうして彼らは君と会ってくれたんだと思う？」

「それは僕が海外から来て、おもしろそうな若者だから会ってくれるに違いないと思ったからです。実際にそう言ってくれる人もたくさんいました」

「君は、自分には会ってもらえる価値があるって信じていたということだね？」

「はい。そうだと思います」

「ほとんどの人はそうは考えないよ。そんなに忙しくて成功してる人は自分なんかとは会ってくれない、と最初から信じ込んでいるだろうから」

「なるほど。たしかにそうかもしれません。ということは、僕のセルフイメージは高かったということですか？」

「そのとおり。それをほかのいろんな分野で高めていけばいいんだ。たとえば恋愛でも、自分は女性に愛される価値のある素晴らしい男性だ、というセルフイメージさえもてば、あっという間に素晴らしい女性に巡り合うことができる」

「それは、ちょ、ちょっと不得意分野です」

「恋愛の話はこれくらいにして、お金の話をしようか」

「待ってました！」

「金持ちになれると思う人間は、どんどん金持ちになっていく。一方、自分にはお金に縁がない、金運がないから絶対に金持ちにはなれないと思う人間は、もし、宝くじに当たったり、遺産などが入ったとしても、あっという間にそのお金はどこかに行ってしまうだろう。というのも、セルフイメージに人生が合うようにできているからだ。たとえば、君は将来どういう人物になりたいと思う？　思いつくままのイメージを話してみてほしい」

「僕は複数の会社のオーナーになって、素晴らしい家族をもち、多くの人たちの光になるような仕事をやりたいと思っています」

「君は何年後にそれを実現したいかね?」

「さあ、二〇年後くらいでしょうか」

「二〇年ということは、四〇歳ということだね? どうしてそれが三〇歳でできないのかな」

「三〇歳でやっている人を僕は個人的に知りません。それどころか、四〇歳でやっている人も知りません。だから、なんとなく四〇歳と言いました」

「それはただ単に君が知らないだけだ。私の周りには三〇歳でも大金持ちになった人間がたくさんいる。ましてやこれからは若くして金持ちになっていく連中はどんどん増えていくだろう。君が三〇歳で成功できない理由はない」

「でも、そんなこと言われても、想像できないんです」

「想像したってバチは当たらないだろう。ちょっと目をつぶって想像してごらん」

「はい。でも、なんかイメージしてしまったら悪いことが起こるような気がしてよくイメージできません」

「まさしく。**多くの人の最大の問題は、理想の状態をイメージしないことなんだ。君がやらなければならない最初のことは、自分の望む人生をイメージすることだ。**そして、そのイメージをする際に出てくる不安、恐れ、イライラに立ち向かうことだ。多くの人はこの作業をしないから、いつまでたっても人生が変わらないまま不平不満をこぼしながら生きている。君にはそのような人間にはなってもらいたくない。君ならこの人生の成功の謎を解き明かして、成功を実現することはできるだろう」

「そう言われるのはうれしいですが、僕には何もない気がします」

「そんなことはない。**いま君には、君の中に眠っている資産がたくさんある。**ただ君はそれに気づいていないし、その才能の開花のさせ方を知らないだけだ。たとえばそこの庭を見てごらん。そのエリアにはたくさんの花が植えられている。もう少しすれば芽が出て一面花壇になるように、私が種を植えているんだ。

しかし、それを知らない者には、この土が盛ってあるエリアに、そんな花がしばらくして咲くとはとても思えないだろう。成功も同じことだ。君が思っている以上に、君にはたくさんの才能がある。才能とは不思議なもので、分かち合わないと、その存在にすら気がつかないものなのだ。いまの君にこの話をしても、ぜんぜんピンと来ないこともよくわかって言っているのだが」

「おっしゃっていることがさっぱりわかりませんが、才能にあふれた人の若い頃に、その才能がぜんぜん片鱗《へんりん》も見えなかったということは理解できます」

「いまはそれで十分だ。君が望む人生をここに書いてごらん」

そして僕は自分の望むままを書いてみた。それは複数の会社の経営、世界中を講演していること、ベストセラーを書くこと、セミナーをやること、多くの影響力のある友人をもつこと、幸せな家庭を築くこと、望むものは買えるだけの経済的余裕を得ること、自分で自由にできる時間を手に入れること、日常的な家事から解放されるために必要なお手伝いさん、料理人、運転手、思いつくままますべてを書いてみた。

そして、ゲラー氏の言うとおり、四〇歳ではなく、三〇歳までに達成しようと紙に書いた。これらのことがすべて三〇歳までに実現するとは、当時はどう考えても信じられなかった。

「いまはすべて実現するなんて思わなくてもいい。ただ、それを紙に書く作業が大事なのだ。ほとんどの人間は、こういうことをすることすら馬鹿にしてやらない」

意識の違いが人生に差をつける

「幸せな金持ちになるのに、最も大切なのは、豊かさ意識をもつことだ。私が若い頃に会った金持ちは、どうも何かが私と違うと感じていた。よく観察していると、彼らは、人生は豊かになるようにできていると信じているようだった。社会的な経済の状況がどうであれ、自分は豊かになれることを確信しているのだ。彼らは、豊かさ意識をもっているので、それに引き寄せられるようにお金が集まるのだ。お金だけではない。チャンス、人脈、豊かな時間など、ありとあらゆるいいものが彼らのもとにやってくるようになるのだ」

「それが豊かさ意識なんですか？」

「そうだよ。それに比べて、お金に縁のない人は、一言で言うと、『せこい人生』を生きている。出費をできるだけ抑え、何でもケチろうとする。お金を出すべきときに出し惜しみをし、出さなくてもいいときに、パッと使ってしまう。だから、豊かさから縁遠い人生になってしまうのだ。そういった心の状態を貧困意識と私は呼んでいる。この貧困意識をもっていると、いくら努力しても、貧困な状況しか引き寄せられないのだ」

「なんかわかるような気がします。僕も小さい頃からいろんな人を見てきましたけれど、豊かな人は、裕福ないい雰囲気がありました。経済的にうまくいっていない人からは、たしかに貧乏光線が出ていました」

「おもしろい言葉だね。興味深いのは、金持ちは皆これを信じているが、貧乏人は、そんなものあるはずがないと思っていることだよ。だから、**金持ちは、豊かさ意識を維持するための努力を惜しまない**」

「どうすれば、豊かさ意識で生きられるようになるのですか？」

「豊かさ意識」の高め方

「では、『豊かさ意識を高めるコツ』を教えてあげよう。それは、**お金に縁のない頃から、金持ちの気分で生活することだよ。**それは、金持ちの気分で無駄使いをしろと言っているんじゃないんだ。逆に、金持ちの気分で生活していると、あまり無駄なものを買おうとしなくなるんだよ。金持ちになった自分をイメージして、そのようになったと振る舞いなさい」

「でも、どうやれば、金持ちの気分になれるんですか？」

「あたかも、もう金持ちになったような気分で行動するということだ」

「ピンとこないのですが……」

「簡単な話さ。お金よ、あれ！　と念じることとだ。どうだい？　具体的な方法としては、銀行の残高控えの紙のゼロの右部分に自分で四つほど書き足すんだよ。そして、自分は資産一〇〇〇万ドル（一〇億円）の資産をもつ金持ちだと思い込むんだ」

「はあ？」とあきれる僕に、いたずらっぽい顔でゲラー氏は答えた。

「君には一〇〇〇ドル（一〇万円）ぐらいの預金はあるだろう。その右に四つゼロを書き足すんだよ。自分の字で。そうすると、あら不思議。君はたちまち一〇〇〇万ドル（一〇億円）のちょっとした金持ちになる。ハハハ！　どうだね？　いいアイデアだろう？」

「それってインチキじゃないですか？」と僕は興ざめして言った。この人は、からかっているのか、本気なのかわからないところがある。

「単なる遊びだよ。金持ちになるゲームだと思ってもらってもいい。いいじゃないか。別に銀行にこれをもっていくわけじゃないし、自分で楽しむんだからね。

じゃ、こういうふうに聞いてみよう。将来、君が一〇億円の資産をつくったとして、全部を現金で家に置いておくかな？」

「そんなことはしないでしょう。銀行に預けておきます」

「では、一〇億円は銀行に預けて、ほとんどキャッシュは実際にはもたないということだね？」

「そうでしょうね」

「ということは、一〇年後の君の財布と、いまの財布に入っている金額の差はあまりないかもしれないということだね」

「はあ、そうかもしれません」

僕は彼が何を言いたいのか、よくわからなかった。

「では、将来の金持ちの君と、いまの君の差は、ほとんどないわけだ」

「銀行口座のゼロの数以外はそうですね」と少し皮肉っぽく僕は言った。

「そこなんだよ!!　よくわかっているじゃないか！　だからゼロを書き足すんだよ！」

「………………」

「君は将来間違いなく金持ちになる。その意味では、君はもう一〇億円もっているようなもんなんだよ。ただ、時間差があるだけだ。こう考えたらいい。一〇億円の資産を現在もっているが、二〇年満期の定期預金にしてしまった。利率がいいからね。でも、高い金利がつくかわりに、満期までは引き出せないという条件付の定期預金なのだ。でも、君の財産の金額に変わりはない。その預金を将来全額引き出すには、いろんな知識を得たり、ビジネスを実際に立ち上げたりすることが必要なだけだ。

でも、おもしろいじゃないか。楽しみながら二〇年定期が満期になるのを待ちなさい。よかったね。日本の億万長者君。**今日から毎日あたかも金持ちになったかのような気分で生活しなさい。**ただ、手持ちの現金がないだけだ。ハハハ。これをやると君の潜在意識には間違いなく強烈なメッセージになる。まあ、だまされたと思ってやってみなさい。何も損することはないだろう？」

「………………」

僕はなんか新手《あらて》の詐欺《さぎ》にでもかかったような気分がしていた。後にこの作業を実際にやってみると、たしかに金持ちになった気分がした。

第14の秘訣
勇気をもって決断し、情熱的に行動すること

あるとき、ゲラー氏と二人でレストランに入ったことがあった。ウェイターが挨拶をして、メニューを渡すと、彼はすぐにオーダーを告げた。僕は、慣れない英語のメニューに汗をかきながら、やっとのことで自分のオーダーするものを決めた。

「君は何かを決めるのにどれだけ時間がかかる?」

ウェイターが向こうに行ってから、ゲラー氏は僕に聞いた。

「何かを決断するのに五分もかかるようではダメだよ。

昔から成功者と言われる人は決断が早い。軍隊では特にそうだ。のろのろしていると、文字どおり命がなくなる。レストランのメニューを命がけで決めろとは言わないけれどね。私は、ビジ

ネスで即決即断をクセにしてしまったので、ついつい何でも早くなってしまった。妻に怒られるんだけれどね」

「レストランのメニューはともかく、大切なことはすぐに決められるようにならなければダメだよ。決断に関して、普通の人が理解していないことがある。よく決断は先延ばしにしようと言う人がいる。あとでゆっくり決断しようというタイプだ。でも、その人はよく見ると大きな決断を知らずにやっている。それは、**『いまは決断しないでおこう』という決断だ。これが、人生でも最も大きい落とし穴の一つだ。**

人生のことを真剣に考えるのは面倒だ。だから、それが重要であればあるほど、何も考えないようにして、決断を先延ばしにしてしまう。でもその人は、人生を無駄に過ごすと決断していることを知らないのだ。こういう人間は実際に大きな問題にぶちあたらないと、人生を見つめなおそうとしない。それは、健康とお金と人間関係の三つだ。この三つで問題が発生しないかぎり、人はぬるま湯で生きていこうとする。何かに直面したり、変えていこうと決意したりしないものなのだ」

「決断力をつけるには、どうしたらいいのですか？」と僕が聞いた。

ゲラー氏は、僕があらかじめ用意しておいた紙に書き出した。

① どんなことも意図的に決める
② 人生の価値観、優先順位をはっきりしておく
③ 決められないときは、自分が納得できるまで待つ
④ 決断に失敗はないことを知る
⑤ 一度決めたら断固たる態度で前に進む

どんなことでも、自分の意志で決定する習慣をつける

1 どんなことも意図的に決める

「決断力を高めるには意識的に決断をしていくしか方法がない。筋肉トレーニングと一緒だ。どんなくだらないことでも積極的に決めなさい。今日はランチに、ハンバーガーを食べようと意識的に決めること。そして、『チーズバーガーを二つ。ピクルスなしで！』と具体的に即決断すること。そんな日常的な意識で決断に関して心構えができてくる。

また、洋服を選ぶとき、テレビの番組を選ぶとき、積極的に決めるのだ。馬鹿馬鹿しく思うだろうけど、この違いが後々大きな違いを生む。

普通の人は、間違った決断を恐れ、何も決めない。成功する人は、間違うリスクを冒すことが、いちばんリスクが少ないと知っている。だから、失敗するイヤな感じといつも対決し、積極的に行動する。普通の人は、決断の結果で出てくるかもしれない一時的にイヤな感じから逃れるために、一生を失敗の中で過ごしてしまう」

自分が望んだものなら、すぐに決められる

2　人生の価値観、優先順位をはっきりしておく

「もう一つは、絶えず、人生の優先順位をはっきりさせておくことも重要だ。多くの人は、自分が何を望んでいるかわからない。でも、成功して金持ちになる人は違う。ふだんから、自分がどうなりたいのか、どこに行きたいのかはっきりしている。だから、自分が望んでいるものが来たらすぐ決められる。私は、何百万ドルという不動産を即決で買うことがある。セールスの担当は腰を抜かすほどびっくりするね。でも、私にしてみれば、他に何十という物件を見て、自分が欲

しいものがはっきりしている。だから、それを見た瞬間にはもう答えは出ている。これが決断力というものだよ」

3　決められないときには、自分が納得できるまで待つ

「ただ、何でも早く決断できればいいというわけではない。すぐに決断できないときは、ひょっとしたら、直観が何かを教えているのかもしれないと考えなさい。私も決断できない状態に陥るときがある。そういうときにはあせらないようにしている。というのも、その決断を下さないおかげで、ひどいものをつかまされずにすんだことが何回もあったからだ。でも、ふだん決断をしなれていないと違いがわからない。こればっかりは、教えるわけにはいかない。場数《ばかず》を踏んでいって初めてうまくなるスピーチと一緒だね。自分の心に聞きなさい。そして、的確な決断を下す訓練を積みなさい。

企業家の人生は、決断の人生といってもいい。次から次へと決断をしていかなければいけない。それも情報が不十分な状態でだ。すべての情報が出そろうまで、決断を下すのを待ってはいけない。そのときには、もっと決断が早い人間に先を越されているだろう」

成功するには行動力と決断力がものを言う

4　決断に失敗はないことを知る

「多くの人が決断をせずに、先延ばしにするのは、失敗が怖いからだ。小さい頃から失敗は最悪のことだと刷り込まれてきたので、当然の反応だ。人生を長い目で見ると、どちらの決断も実はあまり大差なかったことに気づく。Aという企業で働くか、Bという企業で働くかの決断をせまられたとしよう。でも、一〇年たったら、どちらでスタートしても良かったということになるかもしれない。人生では、いいことも悪いことも起こる。それは、ある状況をどう捉えるかによって変わってくる。そう考えると、決断をせずに、何もやらないというのがいちばん害になることがわかるだろう」

5　一度決めたら断固たる態度で前に進む

「一度心を決めたなら、断固たる態度で、事に臨《のぞ》むことだ。決断した後で、迷っていたらうまくいくこともうまくいかなくなる。その道を進むと決めたら、迷わないことだ。その道を決然として歩いていくと、障害のほうから退《の》いてくれるだろう。

行動力は成功の要素の中でも、いちばんと言ってもいいほど大切なものだ。有能で、経験もあり、知識豊富な人間の多くが成功できない。それは、決断力と行動力がないからだ。彼らの多くは、何をすればいいか、どのようにすればいいのか、すべてわかっている。でも、いろんな理由をつけてやらない。**行動力は、失敗に直面できる勇気**ともいえる。

何かをやるとき、必ず失敗のリスクがあり、無意識でそれを恐れる。普通の人は、学校や家庭で、小さい頃から痛い目にあってきている。何かを失敗したり、変なことを言って、馬鹿にされたり、笑われたりした経験が誰にでもあるはずだ。失敗や間違いをすると、たいていの親は、子どもを叱りつける。子どもが失敗をして、よくやったねと言う親はあまりいない。だから、大人になる頃には、間違うことへの異常ともいえる恐怖感をもつようになる。学校でも、どんどん間違えなさいとは言われない。

でも、実際の人生では、間違ったり、失敗しなければ何も学べない。自転車に乗ることから、テニス、ゴルフ、恋愛でも、仕事でも、失敗なしにうまくやれることはない。行動するときに、無意識のうちにこの失敗への恐れは出てくる。それを乗り越えて、行動できるかどうかが鍵だ。セールスでもそうだ。失敗に強くならなければ、いい成績を上げることはできない。断られた数の分だけ、収入も増えると言う人もいるくらいだ」

第15の秘訣

失敗とうまくつき合う

あるとき、ゲラー氏に人生の失敗について聞いたことがあった。

「ゲラーさんは、人生で失敗したことがあるんですか？ 僕は成功したいと考えていますが、失敗が怖くて、足がすくんじゃってます。ぜひ、失敗した話も聞かせてください」

「もちろん、**私は成功よりも多くの失敗をしている**よ。もっとも、成功者はみんな同じだろうけどね。普通の人は、成功するためには、一度の失敗も許されないと考えている。アメリカの平均的億万長者は、富を築くまでにたいてい一度は破産しているのだよ。ウォルト・ディズニーもそうだ。

失敗したということは、少なくともチャレンジしたということだからね。それだけでたいしたものなのだよ。大切なのは、そこからカムバックできる精神力だ」

何を失敗と考えるか

「失敗をどう克服したらいいんでしょうか？」

「まず、何を失敗と考えるかというところから始めてみようかな。

エジソンにある新聞記者が、電球を発明するときに一万回近くも失敗したことに関して、おもしろいインタビューをしたことがあった。新聞記者は『もし、あなたは、一万何回でも成功できなかったら、今頃どうしていると思いますか？』と聞いた。エジソンは、『さあ、たぶんいまも研究室で実験を続けているでしょうね』と言ったらしい。これ以上に失敗に関してうまく説明しているエピソードはないと思う。

失敗とは、あきらめてしまったときにのみ起こる現実なのだよ。

成功していない現実を受け入れたときに、はじめて失敗は生まれる。うまくいかない方法を探しているだけだぐらいに思えるようになれば、君の本格的な成功も近いと言えるだろう。

また、失敗というつまずきを災難のように考えないことだね。私ぐらいの年になると、若い頃の失敗は、楽しい思い出になるもんだよ」

「ゲラーさんと話していると、失敗がたいしたことではない感じがしますね」

現在に意識を集中させる

「現在のみに自分の意識を集中させることも大切だ。

プラス思考の人は、未来にエネルギーを集中しすぎる傾向がある。

そして、ネガティブなタイプは、過去ばかりに注意を向け、あのときこうなっていればということばかり考えて悔《く》やんでいる。**失敗は、未来に絶望したときと、過去の体験を無駄だったと判断したときに確定する**のだ」

「なるほど。でも、つい未来か過去に目がいってしまいますよね」

「人生は、いま現在、この瞬間において目の前で起きていることなんだよ。

せっかくの素晴らしい人生が目の前にあるのに、未来の計画に忙しくては、いまを楽しめなくなってしまう。

夕日がいま目の前で美しいのに、明日の夕日を見に行くことに気をとられて、目の前の壮大な景色を見ないようなものだ。

過去のことばかり考えて、いまを見失うのも同じことだ。

成功するのには、エネルギーがたくさん要《い》る。それが何であれ、現在に集中することで、目標はいちばん早く達成することができる。

いま、心から楽しめることを全身全霊でやりなさい。その生き方が君に、魂の喜びと経済的な豊かさを同時にもたらしてくれるだろう」

第16の秘訣
夢を見ること

夢はかなわないから夢なんだという人がいるが、本当にそうだろうか？　それを実現するには、どんな一歩を踏み出せばいいのだろう？

「**幸せに成功するためには、夢を見ることが必要だ。**夢には、人を行動に駆り立てる力があるからね。最初のうちは、個人的な夢でまったくかまわない。こういうことがしたいとか、こんなものが欲しいとかでいいのだ。そのうち、考えることがどんどん実現するようになる。自分が満たされてくると、人間はおもしろいもので、自分以外の人に対して何かしてあげたいと思うようになるのだよ。君は若くして、もうそういうところにきている。だから、成功するのはとっても早いだろう」

「僕は、昔からいろんな夢があったんです。アメリカに来たり、ゲラーさんのような世界的な成功者に会うのもその一つです。また、自分のビジネスで成功して財団をつくるのもその一つです」

夢を追いかけると人生が変わる

「君ならすべて実現できるだろう。**大切なのは、夢見ることを忘れないことだ。残念なことに、ほとんどの人間は、夢を見ることを忘れてしまっている**」

「そうかもしれません」

「偉大な業績を上げる人間は、この夢の力をよく知っている。大きな事業を興したり、政治的にめざましい業績を上げた指導者は、夢のもつ力を使っている。

たとえば、ウォルト・ディズニーは、常に夢を見る子どものような人だった。ヘンリー・フォードやエジソンも、自分たちの仕事が世界を変えると夢見たのだ。フォードは、世界中の人間が、車に乗ることができる世界を夢見た。エジソンは、魔法のように便利な電気を世界中の人が利用できることを夢見た。パナソニックの創立者も、電化製品を水道のように普通の人に普及させたいという夢をもっていたと読んだことがある。

こうやって夢を追いかけた人は、ビジネスの世界だけではない。ジョン・レノンは、国境のない世界を夢見て、平和を願いながら音楽をつくった。キング牧師は人種の違った人間が友人として生きる世界を夢見た。彼らのメッセージが多くの人の心に届いたのは、彼らが夢をもっていたからだよ。一人の人間の夢がどれだけの人間の人生を変えるのか、君に理解してもらいたい。君もいずれ、そのパワーを体験するだろうけれどね」

人が自分らしく豊かになれる世界

「ゲラーさんはいまどんな夢をもっているのですか？」

「私には、大きな夢がある。それは、人類すべてが、好きなことをやっていて、お互いを尊重して、楽しんでいる将来の地球の姿だ。そこでは、人はみんな朝起きると好きなことをやっている。自分が好きなことがパンを焼くことなら、パンを焼き、歌を歌いたいなら、歌を歌う。お金などまったくない世界だ。歌を歌う人がおなかが空《す》けば、パン屋の友人のところに行く。そこで彼はいそいそとパンを焼いている。彼に『サンキュ！　いいパンが焼けたね』と言い、一つもらっていく。

地球の資源がうまく分配され、みんな好きなことをやっている。そこには我慢したり、競争したり、お互いに意地悪したりする余地がない。みんなが幸せに暮らしているからだ。自分らしく楽しい毎日を送り、家族、友人とゆったりとした時間を過ごしている。そんな世界だ」

「ずいぶん、ロマンチックな夢ですね。でも本当にそれがかなえば最高です」

「私は超現実的なビジネスの世界に身を置いていたが、心はいつもその世界を夢見てきた。実際、ビジネスを通して、人びとが少しでも豊かに自分らしくなることで、そのような世界の実現に微々たる努力を続けてきた。いつ、こんな世の中が実現するのかわからないが、まずは夢見るところからだと思っているんだ。

この地球も、私が君の年ぐらいの頃から比べたら、ずいぶんいい場所になったもんだよ。私が君ぐらいの頃は戦争が各地で起こっていて、このままでは一体どうなるのだろうと不安の日々を過ごしたものだよ。そう考えれば、当時からは考えもしないくらい素晴らしい世の中だ。そしてそのスピードは加速度的になっている。きっとあと数十年もすれば、**世界中が結ばれ、もっとお互いが隣人のような感じがするときがくる**だろう。そうなって、ようやくお互いのことを友人のように大切にし始めるのだろうね。残念ながら、その続きは天国から見させてもらうよ。君たちの働きぶりをね」

第17の秘訣

人生がもたらす、すべてを受け取る

庭一面に咲く花をながめながら、ゲラー氏は語りだした。

「人生でもたらされるものをすべて受け取るということはとても大切だ。多くの人は良いことだけを受け取って、悪いことや好ましくないものは受け取りたくないと考えて生活している。

この人生で起こることはすべて中立であって、良いことも悪いこともないのだよ。意識を集中すればするほど、それを引き寄せるという法則があるのを知っているかな？　皮肉なのは、普通の人は自分で引き寄せたくない事実を朝から晩まで願うので、結果的に自分がこれだけはイヤだというものを実現してしまう。自分が大嫌いだと思うことや悪いことを実現してしまうのだ」

「もう少し具体的に説明してもらえませんか？」

いいことも悪いことも解釈の仕方しだい

「たとえば、ツキを良くしたいと願う人がいる。けれども、人生でツキを良くしたいと願う者の多くが、心構えが違っているので、ツキのない人生を送っているわけだ。その原因を考えずして、ただ**『ツキだけ良くなりたい』と願う者は、どんどんツキのない現実を引き寄せてしまう。**

一方、ツキの良い人間とは『自分はツキが良い』と信じていて、『ツキが良くなりたい』とは考えていない。

この微妙な差が、ツキの良い人生、ツキの良くない人生を実現してしまう。こう言うと、良い人生と悪い人生の違いがあるのなら、良い人生を選びたいと多くの人は考えるだろう。**しかし、実は人生には良いことも悪いこともまったくない**、ということを君に知ってもらいたいのだ。

というのも、ある出来事はある人にとっては素晴らしく良いことであり、ある人にとってはたいへん悪いことでもあり得るからね。単に起こる中立の出来事を、どのように解釈して人生に生かしていくかによって、君の人生が決まるということだ。

『悪いことが起こりませんように』と恐怖の中で生活していくか、あるいは『私のもとに来るものはすべてベストなんだ。だから、すべてを受けとめよう』という態度で生きるかでは、心の平安がまったく違ってしまう。良いことも悪いこともないと考え、そして自分にもたらされることはすべて受けとめようという心構えのみが、心の平安を人生にもたらすのだ。

たとえば私は、ナチの強制収容所に危うく入れられそうになり、命からがら財産と呼べるものはほとんどもたずにアメリカに逃げてきた。それ自体悪いことだと考える人もいるかもしれないが、私はゼロから富を見出すという力を身につけることができた。そして、その力を多くの人と分かち合うことによって、たくさんの人を金持ちにしてきた。もし、私があのままヨーロッパでそこそこ成功していれば、このような力を身につけることもなかっただろうし、多くの人を幸せにすることもできなかっただろう。

そう考えると私にとっては、あのとき財産を失って着の身着のまま逃げ出したことが、いまの幸せをつくっているということになる。その人生の不思議さに感謝して、それを受けとめているのだよ。起こる現象から自分が何をできるかを考え、そして目の前のことをこなしてゆく。そういう心構えがあってこそ、初めて幸せに豊かに生きることができるようになる。良いことだけを選んで生きようと思っても、それは不可能なのだよ」

成功と栄光が人生にもたらす7つの関門

「これから話すことは、いまの君にはまだピンとこないかもしれない。しかし、真の意味で成功するために、とっても重要なのでよく聞いておいてもらいたい」

いつになく真剣な調子でゲラー氏が言うので、僕は少し居住《いず》まいを正した。

「成功すれば、人生がバラ色になると信じている人は多くいる。しかし、実際に成功してみると、想像していたのと違っていることが多いのに戸惑ってしまうものだ。君には、成功に付随してどのようなことが待っているのかを知っていてもらいたい。多くの才能にあふれる成功者が、このことを知らないがために、失敗したり、絶望して、なかには自殺してしまうものもいる。

成功することの明るい側面が、お金、社会的な注目、ビジネスの成長だとすれば、いまから話す事柄は言ってみれば、その影とも呼べるようなものだ。**光があたると必ず影が出るのは、自然の摂理と言えよう。**幸せに成功している人は、この暗闇もしっかりと統合した上で、バランスのとれた人生を実現しているのだ」

僕はいままでにも増して、大切なことを伝えようとしてくれるゲラー氏の思いを全身に感じながら、静かに彼の話に耳を傾けた。

1　自分を見失うこと

「いちばん最初は、君自身のことだ。自分のやっていることが拡大して、周りが君に注目するようになると、様々なことが起こる。自分が自分だと思っている人間と、周りがこういう人だと思う人間がずれてくるのだ。最初の頃はたいしたことのない違和感だとして、君も無視するだろう。しかし、成功するにしたがって、この違和感が無視できないほどに苦しくなってしまうのだ。

このずれをしっかり捉えていないと、君の内部で、あるとき自我が崩壊してしまう。一言で言って、**『自分が誰かわからなくなってしまう』**のだ。ほとんどの人は、君の本質の部分ではなく、君の周りにあるもの（お金とか社会的な成功）に目を奪われるからね。君自身がしっかりしていたら、何も恐れることはない。けれど、周囲から吹く風の強さに自分を見失ってしまうことがあるというのを知っておきなさい」

「自分が誰かを知っていれば、外部からの声に惑わされないということですね？」

「そのとおり。君は、他人のために良かれと思って行動するタイプだから、その部分が君の足下をすくうことになるだろう」

「どういうことですか?」

「一言で言うと、**人が良くなろうと思わないのを見て、傷ついてしまう**ということだよ。ほとんどの人間は人生を良くしたいとは考えていない。君は世界人類に幸せになってもらいたいと思っている。そのギャップに君は耐えられなくて、苦しむだろうと言っているのだよ」

「たしかにそのとおりですね。どうすればいいのですか?」

「人は、それぞれベストな人生を送っていると信頼してあげることだよ。**それぞれの人にとって、ベストなタイミングというのがあるものだ**」

「いまの僕にはよくわかりません」

「それはぜんぜん構わないよ。将来、絶望しそうになったとき、この会話のことさえ覚えていてくれればいいんだから」

彼は、やさしく微笑んだ。

2 愛する家族やパートナー、友人を失うこと

「成功をめざす人間の多くは、ビジネスに意識を集中しがちだ。二四時間仕事に没頭して、ほとんど自分に休息する間も与えない。そして、最も身近にいる大切なパートナーや家族、友人とのつき合いをおろそかにしてしまいがちだ。結果的に、ビジネスの成功や経済的な豊かさは手に入

れても、大切なものを失ってしまう。経済的に成功した人間の多くが個人的にはボロボロの生活を送るのもそのためなのだ」

「こんな話を聞いてなかったら、僕もその罠《わな》にはまるところでした。ビジネスって恐ろしいものでもあるんですね」

「そうだね。彼らも、幸せになりたかったから、成功を求めたはずだ。しかし、家族と幸せで楽しい時間を求めて始めた会社の経営が、家族との間の障害物になってしまうとは、皮肉なものだね。**人生でいちばん大切なものは、とってももろいものだ。一瞬にして見失ってしまう。**大切に毎日心をかけないと枯れてしまう花のようなものだといえよう。友情や愛情を育てるのには、長い年月と心配りと努力が欠かせない。

　しかし、多くの成功した実業家が、取引先に心配りするほど、家族を大切にしていないのが実情だろう。特に、三〇代、四〇代は、ビジネスマンにとって最も忙しいときだが、同時に子どものいちばん小さくて可愛い時期と重なっている。そのときになって、ジレンマに陥らないように、それまでにビジネスをマスターしてしまうことだ。

　君なら必ずできる。そして、自分ができたら、今度はビジネスの成功と個人的幸せのバランスをとる方法を周りに教えてあげることができる」

「いまはとてもそんなレベルの高いことは考えられないです。自分が成功できれば十分です」

「なんとも、君は自分を過小評価をするんだね。まあ時期が来れば、自分の大きさがわかってくるだろう」

3　上昇気流の途中に潜むエアポケット

「成功していくと、おもしろい現象が起こるのだ。このことを理解しておくと、実際にそんなことが起こったときにあわてなくてすむだろう。君のビジネスが順調に成功していっているとしよう。ところがある時点で、上昇気流の途中のエアポケットに入ってしまうことがある。それは、売り上げの急減だったり、マーケットの変化だったり、従業員の離反だったりする。

とにかく、想定外のことが急に勃発し、全身冷や汗だらけになるときがあるのだよ。いままで苦労して築き上げてきたものが、ひょっとしたら一瞬にしてくずれてしまうかもしれないという、とてつもない恐怖におそわれる。そのとき、この恐怖に立ちすくんで、何もできなくなってしまうか、一歩前に出られるかが勝負なんだ。これは、次のレベルにいくための、言ってみれば通過儀礼のようなものだ。真のリーダーになるための大きな一歩だと言えよう」

「それを避けることはできないのですか?」

「残念ながらできないだろう。しかし、できるだけ被害を少なくすることならできる。湧き上がってくる恐れから逃げないことだ。**恐れは犬と同じようなもので、逃げれば、後ろから追いかけ**

てくるものだよ」

「それを聞いただけで怖くておしっこをちびりそうです。とっても情けないんですが……」

「ハハハ、まあ、いまはいいだろう。そのときになったら、君なら対処できるようになっているだろうからね」

4　自分、家族、身近な人にふりかかる病気や事故

「あまり君を脅かしたくないが、これも大切なので話さないわけにはいかない。

急成長する会社に関係する人には、病気や事故が普通の会社よりも多くあるものだ。経営者の子どもが事故にあったり、家族が原因不明の病気になったりするのをたくさん見てきた。急成長のひずみがそんなところに出るのだね。**トップが突っ走っていると、必ずその反作用が起こる**ものなのだよ」

「それは、なぜなんですか？」

「ビジネスやお金は一種のエネルギーなのだ。そこに渦が発生したら、気をつけないとそのパワーでやられてしまうのだよ。特にお金には、いろんなエネルギーが満ちている。欲望、怒り、悲しみ、ねたみなどが詰まっているのだ。そのエネルギーをきれいに流してやらなければ、どこかからそれは出てしまうものなんだよ」

「そんなことがあるんでしょうか?」

「実際に私は現実的に見てきたので、体験から言っている。**ビジネスを成長させるなら、少しゆっくりめぐらいがちょうどいい。**急いで成長させようとしたら、いろんなところにそのひずみが出てしまうから」

5 周りからの批判、自己不信

「これも同じようにきついことだね。ビジネスをスタートさせるとき、君は、大きな夢と希望をもっているだろう。ところが、多くの人は、新しいものを歓迎しない。日本の社会文化だと、なおさらそうだろう。誰も君が変わることを望んでいないのだ。もし、それが素晴らしい変化だとしても、多くの人は現状維持を望む。やっかいなのは、人びとは自分自身にそう望むだけでなく、周りの環境にもそうあってほしいと考えていることだ」

「そして、僕もその環境の一人ということですね」

「そういうことだね。だから、君が成功しようと思っても、周りの人間は成功してほしくないと考えているわけだ。もちろん、心の底では家族や友人はみな君の幸せを願っている。ただ、彼らと君の幸せの定義が若干違っているだけだ。彼らは、君が変わらないで普通に生きたほうが幸せになれると信じている。君は自分らしく好きなことをやって成功したいと考える。当然、そこに軋轢《あつれき》が生まれるはずだ」

「似たようなことはもう経験しました。僕は、神戸で生まれたんですが、東京の大学に行きたいと言い出したら、家族や親戚がみんな反対したんです。たかが大学なのに、ものすごい反発を受けました」

「じゃ、私の言いたいことがわかるね。反対する人間の目を見てみるといい。その中に恐れが見て取れるはずだ。誰しも変化は怖い。悪い変化も怖いが、良い変化はもっと恐ろしいものだよ。周りからの反対を恐れていては何もできない。私のメンター（人生の師）に教わったことを君に教えてあげよう。私はそれを教わって、人生が大きく変わったんだ。それは、反対や批判をどう捉えるかということなんだ」

「ぜひお願いします」

「それはね、周りからの批判や反対の本質を知ることなんだよ。**まず最初に、批判は、単にその人が物事をどう考えているのかという意見表明にすぎないということだ。君の価値とはまったく関係がない**」

「でも、ついつい個人的に取ってしまいますよね」

「それは、人間が弱いからだ。相手との人格的な境界線がしっかりしていれば、そんなことは起こらない」

「そして、もう一つは何でしょう？」

「**批判の本質は、君が前に進むための向かい風なんだ。**飛行機が飛び立つとき、何も抵抗がないと飛び立ちにくいのと同じだよ。羽ばたくには向かい風が必要なのだ。恋愛でもそうだろう。周りから反対されたほうが燃えるものだ。反対や批判があって、初めて自分が空に飛び立つ準備ができたかどうかがわかるのだ。

君を批判する人を恨むのか、彼らに心から感謝できるのかで、君の人間の器が決まる。批判する人間は、往々にして、君の最大の理解者になるもんだよ。実際のところ、何の興味も示さなければ、君を批判することはない。君によくなってほしいという思いがマイナスに振れただけなのだから」

「なるほど。僕を**批判する人に心から感謝する**んですね。説明なしにそれだけ聞くと、頭がおかしくなったのかと思いますね。よくわかりました。これで、何かスタートするときの恐れがずいぶん減ったような気がします」

「恩人にはね、三つのタイプがいることを知っておくといい。

一人は君を心から応援してくれ、何かにつけて、ポジティブな言葉を投げかけてくれるタイプ。この人たちが恩人だとわかるのに、たいした知性はいらないだろう。

そして二つめのタイプは、先ほど言った、マイナスの恩人だ。君にネガティブなことを言って、いままで気づかなかったことを教えてくれる。また、本当にやる気があるかどうかを試してくれるのも、この人たちだ。このタイプの人たちを恩人だと見るには、少し知性が必要なのはさっき話したとおりだ。

三つめのタイプは、君が気づかないところで君を応援してくれている人たちだ。この人たちは、君の夢や情熱を察知し、君の知らないところで、君の活動を静かに支えてくれている。成功したければ、この三番目の恩人の存在に気づき、秘かに感謝することだ」

「すごいですね。とてもそんなところまで気がまわりませんでした。でも、いままでの話を聞いていてよくわかりました。幸せに成功する人は、感性が本当に違うのですね。僕は、最初の恩人にも気づかないような情けない人間だと思い知りました。いままで見えなかったものがパッと見えた感じです」

6 他人への不信、競争、嫉妬、将来への不安

「これは、最初にあげた『自分を見失う』というのと、また少し違うものだよ。成功するにつれ、いろんな感情を日常的に感じるようになる。他人のことが信じられなくなったり、競合相手との闘い、スタッフへの競争心が出たりするだろう。また、自分よりできる人間に対して嫉妬を抑えきれなくなったりするものだ」

「成功者でもそうなんですか?」

「もちろん、成功しつつあるときこそ、被害妄想のように、この種の感情が渦巻くものだ。誰か相談できるメンターがいればいいのだが、普通はメンターに教えを乞うことなど考えもしないからね。結局、ひとりで悶々《もんもん》と悩むのだよ」

「成功者でも、将来の不安はあるんですか?」

「不安があるどころか、不安だらけなのが普通だよ。いまの成功が続かないかもしれないと考えただけで、いてもたってもいられなくなってしまう。だから、仕事にのめり込み、仕事中毒になってしまうのだよ」

「それを乗り越えることはできるんでしょうか?」

「そのためには、自分の内面にいる失敗者と折り合いをつけなくてはならない。**自分が失敗しても、それを受け入れ、愛することができれば、それを恐れることがなくなる**」

「なんだか深いですね。自分が失敗者になることを認めるんですか?」

「そう。成功しても失敗しても、どちらもOKだというところに行けなければ、真の意味で幸せにはなれない」

7 成功への恐れ、偉大な自分を受け入れる抵抗

「最後の難関は、成功への恐れだ。ある心理学者によると、人生で最大の恐怖は、死の恐怖よりも、成功することへの恐れだと言う。私は、自分の体験から言って、それは正しいと思っている。普通の人は、失敗のほうを恐れていると思うだろう。しかし、それは成功への恐れに比べれば、たいした恐怖ではないのだ。

失敗はつらい体験だが、我慢して頑張っていれば乗り切れるものだ。成功は、言ってみれば、膨大《ぼうだい》なエネルギーを全身で受けとめるということなのだよ。ナイアガラの滝の下で滝に打たれるようなものだ。それほどまでに、豊かさ、愛情、友情がやってくると、ほとんどの人は、自分の中の無価値感でそれを受け取りきれなくなる。真に成功するということは、あらゆる変化を受けとめるということだ。

変化はふつう痛みをともなう。友人がいなくなったり、現在のパートナーとの別れ、上司や同僚との別れ、いままでの自分とも別れなくてはいけないかもしれない。そんなわけのわからない目に遭《あ》うよりも、豊かでもないが幸せな現状を望みたくなるのだよ。

本当の成功とは、完全に人生に身をゆだねることなのだよ。それをできる人間は少ない」

エピローグ

最後の試練——ビジョン・クエスト

「さあ、君にはすべてのことを伝えたつもりだ。最後に大きな難関が残っている。それは、君自身がすべての教えを身につけたかどうかを試すと同時に、旅立つ前の準備を整えることにもなる。では、このあいだ行った無人島に行ってみよう。いいね？」とゲラー氏はたずねた。

「はい。わかりました」とだけ僕は答えた。

いままでのテストがすごかっただけに、最後のテストはどんなものなんだろう、といろんな思いが頭の中でグルグルとまわりそうになった。しかし、これこそが感情と思考の揺れだと思うことで、なんとか抑えることに成功した。

船が島に近づくときも、僕の心は平安のままだった。船が島に着くと、前回と同じように楽しくおしゃべりをしながらランチを食べた。そして、前回と同じようにゲラー氏は言った。

「さあ散歩に出なさい」

「散歩を楽しんできます」と僕は、彼ににっこり微笑むと、リュックを担《かつ》いで山に入った。前回と違うのは、前に感じたような高揚感はなかったことだ。その代わりに、そこには静かな平安があった。一歩一歩踏みしめていく自分の足音、そして遠くで聞こえる鳥のさえずり、そういった物音だけが静かに聞こえた。

そして山の中腹に登ると、僕はゲラー氏に教えられた瞑想を静かに始めた。数時間はたっただろうか。自然と完全に一体となり、僕は島になり、島は僕になった。そこで、静かに目を開けた。もと来た道をゆっくり戻り、入江に帰り着いた。前回と同じく、そこに船はなかった。だが、僕の心にもう乱れはない。リュックの中の食料を出し、例のテントのところへ行き、火を起こす準備に取りかかる。そして海を眺め、山を眺め、自然の素晴らしさをただただ感じるだけだった。

夜になって焚《た》き火の炎を見ながら、いろんなことを思い出した。前回と違うのは、今回はポジティブで感謝に満ちた思い出ばかりなことだ。両親と過ごした小さい頃のイメージ、友人と遊んだ楽しい思い出、今回の旅で出会った素晴らしい人々の顔が浮かんでは消えた。両親への感謝がふつふつと湧き、なぜ僕があのような家族に生まれてきたかの深い意味が腑《ふ》に落ちた。

夜空を眺めると、そこには文字どおり満天の星がきらきらと輝いていた。同じシチュエーションなのに、前回とはまったく違った体験をしている。あのときも僕の頭の上には同じように星が輝いていたはずだが、それを見た記憶はない。自分の心の状態が違うだけで、こんなにも見るもの、感じ方が違うのかと驚いた。

いよいよ日本に帰るときが近づいてきて、僕はこの一年間の総括をしていた。そして同時にいままでの二〇年という人生の総決算もしていた。僕は一つひとつの思い出を反芻《はんすう》しながら、ゲラー氏を含むすべてのアメリカの人たちに心から感謝した。

そして、「今日から、僕は自立した大人として生きよう」と自分なりに静かに決意した。

気がつくと朝になっていた。海を見ると遠くに船の影が見えた。船が近づいてくると、デッキにはゲラー氏がにこやかに手を振っているのが見えた。今回は取り乱して号泣することなく、静かに微笑んで、彼に手を振り返した。上陸すると、ゲラー氏は僕に言った。

「おめでとう。君は最後の難関をクリアしたようだね。君は感情と思考をコントロールするという、最後のテストも見事にパスしたようだ」

「ああ、これが最後のテストだったんですか」と僕は答えた。たしかに同じようなシチュエーションであったのにも関わらず、僕の心はほとんど揺れなかった。それどころか、以前にも増して感謝と平安に満ちていた。島にいる間に起きたことをゲラー氏に話した。

するると、ゲラー氏は満足げに大きくうなずいた。そして、語った。

「**なにごとにも動じずに、淡々と生きることが、いちばん大切な心構えなのだ。**外の状況がどういうものであれ、感謝と平安のみを選択しなさい。それが現実なのだから」

今度は一緒に島の散策を楽しみながら、優雅な時間を過ごした。

一人の人間に与えられた力の大きさを知る

無人島からの帰り、大海原の船のデッキで、ゲラー氏は話し始めた。

「最後に話したいことがある。それは、一人の人間の力ということだ。以前、人脈の話をしたときに書いた図を覚えているかい？」

「もちろん、とってもインパクトがありましたからね」

「一人の人間が三〇〇人とつながっていると言ったね。それは、経済的なつながりだけでなく、感情的にもつながっているのだよ。

一人の人間が悲しみや絶望の淵に沈むとき、その人につながる三〇〇人にも影響を及ぼす。一人の人間が幸せになるときも同じように、周りの三〇〇人に影響を与えるのだ。そして、その三

○○人から、感情的な影響が波紋として広がっていくのだよ。
このクルーザーから発する波を見ればいい。ここでスタートした波は、次の波をつくり、やがては君の国まで行くのだよ」

「壮大ですが、そのとおりでしょうね」

「**海の水が大陸をつなげているように、感情が地球上の人すべてをつなげている。**近い将来、コンピュータなどの発展で個人間のつながりをもっと意識できる時代がくるだろうが、そうすると、私の言っていることが、もっと説得力を増すだろう。

一人の人間が暴力的になると、周りの人間は影響を受けて、すさんだ気持ちになる。同じように、一人が幸せになるとき、周りの人間も影響されて、幸せになるものだ。私は、一人の人間が絶望の淵から甦《よみがえ》り、愛と豊かさに生きたとき、どういう影響が与えられるのか、自分の人生を使って実験したいと考えている。

私からスタートした幸せや豊かさが、いま周りの多くの人間を幸せに豊かにしていきつつある。この波がどう広がるのかわからないが、それをこの地球に残していきたいと考えているのだ。その一つの波を君とも分かち合ったつもりだ。君がそれをどのように使うのかは君の自由だがね」

僕は、目の前に広がる海を見ながら、波が広がっていく様子を眺めた。

新たな自分と出会う旅立ちのとき

次の日の朝、起きるとフロリダは晴れていた。フロリダのまぶしい太陽が、静かな森に降り注いでいる。いままでの一九年よりも密度の濃かったかもしれない一年を終え、僕のアメリカを後にする日が来た。空港までの車の中、なぜか言葉が出てこなかった。無言のまま、フロリダの見慣れたやしの木がどんどん後ろに過ぎていくのをただ、眺めるだけだった。いろんな言葉が出かかっては消えた。自分のいまの気持ちを表現するには、どれも陳腐に思えたのだ。搭乗券をもらって、セキュリティーのカウンターまで来たとき、なんとか、ゲラー氏に最後にはなむけの言葉をお願いした。

すると、彼はニヤっと笑って、「君は必ず失敗するだろう」と言った。

僕は動揺した。いままでさんざん君には見所があるとかもち上げていたのに、「失敗するだろう」とは、いったい何ということを言うんだ、この老人は？

その僕の混乱を楽しむように、彼は言った。

「君は必ずたくさん失敗する。でも、要はその失敗からどれだけのことを学んで、カムバックするかだ。**自分でダウンを認めない限り、人生のゲームに負けはない**。これだけは、覚えておくんだ。何回ダウンをしても、必ず立ち上がれ。君には、どんな失敗からも学ぶことのできる知性と、そこから立ち上がる勇気がある。何度倒されても、立ち上がりなさい。

そして、自分の勇気ある態度を人生のいちばんの誇りにしなさい。きっとそんな君を見て、勇気づけられる人がたくさん出てくるだろう。そして、君が成功したら、今度は彼らを応援してあげなさい。君と会えて本当に良かったよ。楽しい時間をありがとう」

僕は、いままで抑えてきたものを止められなくなった。ただただ、あふれる涙をふくことも忘れて、ゲラー氏と抱き合った。ゲラー氏も泣いている。奥さんも隣で泣いている。

僕はこの瞬間ほど、「時間よ止まれ！」と願ったことはなかった。

「さあ、時間だ。もう行きなさい」

ゲラー氏が静かに言った。

僕は、何度も何度も振り返りながら、手を振る老夫婦の姿を自分の目に焼き付けようとした。

ゲラー氏からの最後の手紙

飛行機に乗っても、しばらくは放心状態だった。出された味気ない機内食を食べ終わると、それまで開けてはいけないという手紙をもらっていたのを思い出した。急いで開けてみると、ゲラー氏の達筆な文字が目に飛び込んできた。それは、ナプキンに何度も書いてくれた、見覚えのある、やさしく暖かい文字だった。

親愛なる若い友人へ

君との数週間は、私の人生が終わる前の思い出のハイライトになってくれた。この歳になると、いちばんの楽しみは、君のような若くて可能性が無限にある若者のエネルギーに触れることなんだよ。君にはわからないだろうが、若く希望にあふれる人間が発するオーラは、実にまぶしくて、美しくて、それは愛《いと》おしいものだ。それを私たちのような老人と分かち合ってくれて本当にありがとう。

君には言うチャンスがなかったが、君は私の恩人を思い出させていた。いつも言おうと思いながら、なんとなく言えなかったことがある。私がヨーロッパからシベリア経由で日本を通ってアメリカに渡った話はしただろう。

そういうルートがあるという話を、私はある日本人から聞いたのだ。たまたまカフェで知り合った人間なんだがね。笑顔がとても印象的な男で、彼はケンとだけ名乗った。結局、彼の情報のおかげで、私は命を現在まで永らえることができたわけだ。アメリカで成功して落ち着いてから、いろんなコネを使ってずいぶんケンの消息を探したのだが、結局、彼が誰かわからないままだった。それがずっと気になっていた。

君の講演のパンフレットを見て、名前と写真の笑顔を見たとき、鳥肌《とりはだ》が立ったよ。あのケンと同じスマイルだったからね。そしてなんと名前も同じじゃないか。君と彼には何の関係もないことは十分承知だ。でも、私にとっては、実に意味があることなのだ。

彼にしてもらったことに対して、君を通じて恩返しさせてもらった気がした。これで、私なりにケンとの関係がすっきりできた。不思議に思うかもしれないが、君との出会いには心から感謝している。本当にありがとう。君は私の心の負担をひとつ軽くしてくれたのだよ。

私の見立てでは、君は間違いなく成功するだろう。もちろん、本当の成功に行き着くまでには、苦しいところも通らなければならない。それは、君がリーダーになるための大切な試練なのだ。人間の深い闇に立ち向かうことができて、初めて、多くの人を導くことができるのだからね。一〇年かかったとしても、それはとっても価値があることだよ。

せっかちな君なら、五年でできると言うだろうが、残念ながら、人生は効率よく生きたらいいというものでもない。いずれにせよ、君なら、それを乗り越えて、必ず多くの人にとって光となるようなリーダーになれるだろう。

君には、世界的なリーダーになる素質があると思う。その運命を受け入れられるかどうかは、君の器ということになるだろうがね。お願いだから、自分のことを過小評価しないでほしい。誇大妄想にとりつかれたと君は思うかもしれないだろうが、それは君の運命なのだから。「どうして、自分が?」という疑いに何度も見舞われるだろう。多くの世界的な指導者がそうであったように。

将来、君が書く本は世界中で売れ、君はいろんな都市に招かれて講演したり、その指導者に会ったりするだろう。君の存在は、希望を失いかけた多くの人に光を投げかけるに違いない。そして、彼らの中に眠る本来の力を目覚めさせていくことになる。君の活躍する姿を実際に見られないのは残念だが、それは望みが多すぎると言えるね。もっとも、私の頭の中ではもう見せてもらったので、十分満足しているがね。

君が幸せで充実した人生を生きることを一〇〇%信じているよ。くじけそうになったときは、アメリカにいた変わった老人を思い出してほしい。君の成功を心から信じている人間が少なくとも一人いたとね。

全身全霊で、君の人生の幸せを祈っている。そして、君が将来触れることになる何百万人の人の幸せもね。君を通じて、私は永遠の命と心の平安を得た。本当にありがとう。心から感謝しているよ。君に神様のすべての祝福がありますように！

君の古い友人より

あとがき

この本を最後まで読んでいただいて本当にありがとうございました。ゲラー氏との物語は、この一五年ずっと書きたいと心の片隅に残っていたことでした。二〇歳のときに出会ったゲラー氏との対話は、私の人生を大きく変えた出来事でした。その後、多くのメンターに出会い、現在の自分の人生があるわけですが、この物語を書く上で一人ひとりの顔を思い浮かべたとき、深い感謝と感動で、何度も執筆を中断せざるを得ませんでした。

人の縁とは不思議なもので、人間の力を超えた何らかの仕組みが作用していると感じることもしばしばです。この本に出てくるゲラー氏は実在の人物ですが、彼の語るすぐれた教えの中には、私のいままで出会ってきたメンターから授った叡智《えいち》も入れさせていただきました。そして、舞台設定などの一部は実際に起こったことに少し手を加えて、興趣を盛り上げる工夫をしていることを一言お断りいたします。

この物語のエッセンスが、皆さまの意識の深い部分に眠る何かを目覚めさせ、自分らしい人生を始めるきっかけとなれば、著者として最高にうれしいことです。

私の人生を振り返ってみると、人生を変えるきっかけは、人との出会いだったり、映画、本との出会いだったりしました。その中でも本は、私にとってたいへん重要なものでした。

人生を変える出会いとして、この本が力を持ち得るとしたら、この本の刊行に協力してくださった多くの人たちのお蔭です。この場をお借りして、心から感謝します。

本田　健

愛蔵版によせて

本書を最後まで読んでくださって、ありがとうございます。

青年ケンと一緒に旅してくださって、とてもうれしいです。あなたも、いろいろ感じてくださったことでしょう。心から感謝申し上げます。

本書の出版から20年が経ち、30代だった私も50代になりました。この間、本書は200万を超える人たちの人生を変えてきましたが、私の人生も大きく変わりました。

育児セミリタイアでぼんやりしていた状態から、作家、講演家としてのライフワークがスタートし、エネルギッシュに活動することになりました。途中、東京、長野、ボストンと、娘の学校のために転々としながら、ライフワークを続けました。

2019年からは、英語での活動も本格化して、初の英語での著書『happy money』は、32言語で50カ国に広がりました。著作シリーズも、プレゼント小冊子をあわせると、1000万部を超えました。

本書の最後に出てくる手紙にあったように、30年の時を経て、「世界的に人に勇気を与える」ことを日常的にやっている自分に驚きます。ですが、それは、自力でやれるようになったわけではなく、何百人、何千人という人の協力のおかげです。

思い返せば、20歳のときに出会ったゲラーさんだけでなく、竹田和平さん、來夢さんなど、本人以上に私のことを信じてくれた多くのメンターのおかげで今があります。そのメンターの多くも、鬼籍に入られました。彼らの教え、日常的なちょっとしたやりとりのおかげで、くじけそうになったときも、あきらめなくてすみました。メンターの人柄というのか、その人のあたたかさが、今でも私の人生の奥深くに影響を与えています。彼らのやさしさ、ぬくもりは、亡くなった後も、ずっと心の中で生き続けています。

運命とは、不思議なものです。50代の半ばになって、私たちは、命の連鎖の中に生きているのを実感しています。祖父母から両親へ、そして子どもへ。お年寄りから若者へ受け継がれていく連鎖によって、私たちの人生は成り立っています。

ゲラーさんから私に渡されたバトンは、今あなたの手に渡りました。自分を幸せにし、まわりを幸せにする魔法のバトンです。あなたがワクワクすることをやることで、多くの人が幸せになります。くじけそうになるときも何度もあるでしょうが、失敗にめげないでください。あなたがあきらめなければ、あなたの夢は、きっと実現します。

幸せと豊かさの波紋が、世界に広がりますように。

ビジョンクエストで訪れたアメリカ・ナシュビルにて　本田　健

本田 健（ほんだ・けん）

作家。神戸生まれ。経営コンサルタント、投資家を経て、29歳で育児セミリタイア生活に入る。4年の育児生活の後、執筆活動をスタート。

代表作に『ユダヤ人大富豪の教え』『20代にしておきたい17のこと』など、著書は200冊以上、累計発行部数は世界で800万部を突破している。

2019年には英語での書き下ろしの著作『happy money』を刊行。世界32言語、50ヵ国以上で発売されている。ヨーロッパ、アメリカ、インド、中南米でも、精力的に講演、セミナーを行っている。

インターネットラジオ「本田健の人生相談」は5000万ダウンロードを記録。

大好きなことをやっていきたい仲間が集まる「本田健オンラインサロン」、英語の「Arigato living community」も展開中。

愛蔵版《あいぞうばん》 ユダヤ人大富豪《じんだいふごう》の教《おし》え

2023年 7 月20日　第 1 刷発行
2024年11月 5 日　第 3 刷発行

著　者　本田 健《ほんだ けん》
発行者　佐藤 靖
発行所　大和《だいわ》書房
東京都文京区関口1-33-4　〒112-0014
電話 03(3203)4511

装　幀　福田和雄（FUKUDA DESIGN）
本文デザイン　坂川事務所
本文イラスト　水崎真奈美

本文印刷　三松堂印刷
カバー印刷　歩プロセス
製本所　小泉製本

ISBN 978-4-479-79787-6

http://www.daiwashobo.co.jp/